はじめに

２０２０年5月20日、新型コロナウイルスの感染拡大によって、全国高校野球選手権の戦後初となる中止が決まりました。野球部の選手たちはもとより、全高校野球関係者が夏の甲子園中止という事態に、大きな目標が突然消えた喪失感と例えようのない絶望感を味わいました。また一方で今回の事態は、高校野球のみならず、部活動全般の意義を問い直す一つの契機にもなりました。

私は現在、慶應義塾幼稚舎の教員として小学6年生の担任をしながら、慶應義塾高校の野球部監督を務めています。また、もともと会社員の経験もあり高校生以外と接する時間も多いことから、高校野球の意義を常に自問自答してきました。そして、高校野球自体に、教室の中だけでは決して手に入らない、次の３つの価値があると考えています。

① 困難を乗り越えた先の成長を経験する価値
② 自分自身で考えることの楽しさを知る価値
③ スポーツマンシップを身に付ける価値

慶應義塾高校野球部では文武両道を実現するため、甲子園常連校にありがちな深夜まで及ぶ長時間の練習などは課しません。そんな中でも、２０１８年、激戦区神奈川県の代表

Thinking Baseball

慶應義塾高校が目指す
“野球を通じて引き出す価値”

慶應義塾幼稚舎教諭
森林貴彦
Moribayashi Takahiko

TOYOKAN BOOKS

として、春夏連続で甲子園に出場しました。

これらの価値観を伝えていくために、単なる勝利至上主義を脱した上で、グラウンドでの結果を出していくことも私の使命だと感じています。

本書では、現在の高校野球におけるさまざまな課題を挙げ、問題提起や、その解決のための私なりの方法を記していますが、すべてのチームがそうでなければならないとは、まったく思っていません。「人はそれぞれ、その人なりの考え、意見を持っている」という前提に立てば、賛否両論あって当然です。理解を示してくれる方もいれば、「高校野球とはそんなものじゃない！」という意見をもつ方もいらっしゃるはずです。それでも私が本書を通して伝えたいのは、指導方法やチーム作りにはたくさんの選択肢があって、その幅を少しでも広げたいということです。議論の材料にしてもらいたいのです。

私は登山が趣味ですが、王道の表参道だけでなく、頂上までの登り方にはたくさんのルートがあります。それになぞらえれば、高校野球もいろんな指導法、目指すべき姿があっていいはずです。１００年後も高校野球を存続、そして発展させるために——。本書がその一助となることができれば、こんなにうれしいことはありません。

もくじ

序章

高校野球の価値とは何か

高校野球の本来あるべき姿とは一体、どのようなものでしょうか。

毎年、春と夏に甲子園で行われる高校野球の全国大会は、日本中に生中継され、華々しさに包まれています。しかしその実態は、高校生たちが大人のエゴに巻き込まれ、高校野球の価値そのものが年々、大きく低下しているのではないかと危惧しています。

過剰なまでの選手管理、勝利を追求し過ぎるあまりに蔓延《はびこ》る不正行為、高校生を大人が理想とする型にはめ込もうとする同調圧力……。列挙していくと切りがありませんが、さまざまな問題が華やかな舞台裏には潜んでいるのです。

夏の甲子園は2018年度に記念すべき第100回大会が開催されましたが、このままでは200回大会を迎えることなく、高校野球は衰退してしまうかもしれません。だからこそ、いま一度、高校野球がもつ価値を見直していくべきではないでしょうか。

では、高校野球がもつ価値とは何なのでしょうか。それは、高校生が野球を通して何を身に付けられるかにかかっていると思います。

困難を乗り越えた先の成長を経験する価値

その一つとして挙げられるのが、困難を乗り越えての成長というプロセスを経験できること。どんなチーム、どんな選手にも悩みや苦労はあります。そうした困難に正面から立ち向かい、いかなる方法で乗り越えて自分自身を成長させていくか、そしてチームとしても成長できるか。そのプロセスを経験することに大変な価値があると、私自身は実感しています。

これは野球でもサッカーでも、スポーツであれば同じことが言えるかもしれませんが、高校生が部活動をするということは、やはり教室だけではなかなか手に入らない「果実」を得られるのです。現在、部活動は厳しい視線にさらされ、授業の優先や教員の負担の緩和が重視されるようになり、縮小傾向にあります。「部活動はやるものではない」といった風潮が広がりつつありますが、それでも教室では得られない人間的な成長を経験する価値が部活動にはあると考えています。

自分で考える楽しさを知る価値

そして二つ目の価値は、自分自身で考えられることの楽しさを味わえることです。自分で考えるのは難しさも伴いますが、その分やりがいも得られます。そうしたところを野球を通して感じてほしい、経験してほしいと思いながら、日々の指導にあたっています。

そのため慶應義塾高校野球部では、1から10まで教えることや、手取り足取り指導するといったことはしていません。それよりも、選手自身がどのように打ちたいのか、どのように守りたいのか、どのように投げたいのかを自分で考えたほうがいい。自分なりの課題を見いだし考えていく中でコツをつかみ、自分なりの答えを見つけていくことに価値があるのです。

もちろん、打ち方や投げ方、守り方を細かく教え込んだほうが正しいという考え方も理解できます。すぐに結果を出すには、そのほうが近道かもしれません。しかし、その選手自身が何かをつかんだかと問われると、「監督やコーチの言う通りにしていたらできました」という答えしか返ってこないでしょう。それでは、もし仮に将来プロ選手になったとしても、何か問題に直面したときに自分で考える力や習慣が身に付いていないため、大成することはおろか、一定の結果を残すことさえも難しいと言わざるを得ません。

私は慶應義塾幼稚舎で小学校の教員も務めていますが、そこでも同じことを感じています。現代は習い事社会ということもあって、子どもたちは何でも「教えてください」と聞いてきます。野球も同じで、習い事化しているために、物心つく前からボールの持ち方やバットの握り方、構え方から打ち方に至るまで何でも教えてしまいます。これでは、〝自然と自分でつかむ〟という経験ができません。大人や親は子どもにいろいろなことを経験させたい、学ばせたいと思ってそうさせているのでしょうが、大人が子どもに対して何でも先回りしていくことが本当によいと言えるのでしょうか。

私が子どもの頃は、空き地さえあれば、手打ち野球や三角ベースなど、子ども同士の関係の中で自然と遊びが生まれていました。さらに5年生と1年生が一緒に遊ぶ場合は、「1年生が高学年の子と同じルールではかわいそうだから」と、少し前から打ってもかまわないなどのハンディを与えるなどということが、子ども同士のやり取りの中で自然とできていました。

逆説的に言えば、こうした子どもだけの行動には責任も伴い、場合によっては判断の間違いが起こる可能性も否定できません。しかし、それも含めて、子どもは子どもでその年齢なりに自分で考えているのです。例えば、5歳の子どもが生活のすべてを自分で考えるのは難しいとしても、その年齢なりに自分で考える余地は作ってあげなければいけません。本来はそうであるべきにもかかわらず、いまは大人が敷いたレールに子どもを乗せるだけという、まったく逆の方向に進んでしまっています。これでは、そのレールがなくなったときに、子どもはどの道に進んでいくべきか迷うだけです。

もちろん人それぞれのコーチングスタイルがあるので、手取り足取りで個別指導をしていくという方法があってもよいのですが、少なくとも私はそういう哲学ではありません。

特に高校野球の世界は、他のスポーツに比べてコーチングスタイルの幅がかなり狭く、その「常識」とされている範囲からはみ出したときに、「そんなものは高校野球ではない」「高校野球の世界ではそれは許されない」といった排除意識が生まれがちです。坊主頭を強制する文化の問題とも絡まりますが、高校野球は許される範囲が極端に狭いのが特徴だとも言えます。

だからこそ、高校野球、部活動を通じて、高校生なりに自分で考える習慣を身に付けてもらいたいのです。

スポーツマンシップを身に付ける価値

もう一点、高校野球の価値として挙げられるのが、スポーツマンシップを身に付けることです。読者の皆さんにも耳なじみのある言葉で、多くの方が、スポーツマンが身に付けるべき態度という認識を持っているかもしれませんが、実際にはそれだけではありません。スポーツマンシップには、人間としての基本的な在り方という意味合いがあり、特にスポーツにおいてそれを身に付けやすいと言えます。

以前、指導者としてスポーツマンシップについて学ぶ機会があり、その価値観に深く共感しました。相手、ルール、審判を「尊重」し、敬意を持って接する。「勇気」を持っていろいろなプレーに挑戦し、強い相手にチャレンジしていく。どんな結果になろうとも、

「覚悟」を持って、きちんとそれを受け入れる。こうしたことがスポーツマンシップだと認識するようになりました。

特に負けたときが重要で、そうした難しい状況でこそ、その人の本当の人間性が出ます。礼儀正しく相手を称えられるのか。審判やグラウンドの状況、チームメイトの所為《せい》にすることなく、敗戦を正面から受け入れられるのか。このようなスポーツマンシップがいま現在問われており、高校生が野球を通じて身に付けるべきことではないでしょうか。

その対極にあるのが、サイン盗みなど、勝利のために手段を選ばない姿勢です。

もちろんスポーツは勝負事ですから、決して勝たなくていいというわけではなく、勝利は絶対に追求していかなければなりません。近年は勝利至上主義を悪い意味にとられがちですが、やはり勝利を求めない限りは、スポーツは成立しないと思います。いろいろなことにチャレンジして、必死に勝利を求めていく中でも、人の道を外れずにルールの中で工夫して結果を残すことが大切です。

分かりやすい例で言えば、打者が横目でキャッチャーの位置を確認するのも、その一つ。甲子園の中継でもよく映りますが、これは要するに勉強で言うところのカンニングです。つまりは、教員の側から「ズルをしてもいいから進級しろ」「こっちは知らないことになっているから、バレないようにうまくやれよ」と言っているのと同じなのです。

果たしてそれが、高校生という多感な時期の青年を指導する者として正しい態度なのでしょうか。実はこうした学校は決して少なくなく、むしろ高校野球全体が麻痺しているとも言えます。こんな感覚を野球を通じて身に付けさせておいて、世の中に出てから「いや、そういうのはダメだよ」と言われても、なかなか適応できません。だからこそ高校生の間に、善悪の価値観はきちんと身に付けさせるべきだと思います。

「困難を乗り越えた先の成長を経験する」「自分自身で考えることの楽しさを知る」「スポーツマンシップを身に付ける」。この3点こそが高校野球がもつ価値や本質であり、これらを指導者が大事にしてこそ、未来が拓かれていくと信じています。

指導者が選手の人生の可能性を狭めていないか

そもそも子どもは、自然と成長していくものです。時折、「あの選手は俺の教え子だから」といった態度を取る指導者がいますが、それはまったくの見当違いで、子どもの心身は未熟な部分が多いからこそ伸びしろがあり、大人が特に手をかけなくても成長していきます。大人の役割は、その成長の邪魔をせずに手助けすること。これがとても大事です。多くの大人がよかれと思い、子どもにあれこれと手を出しがちですが、それは逆に子どもの成長を阻害しているのではないでしょうか。

もちろん、すべての指導が子どもの成長を阻んでいるとは言い切れません。しかし、手をかければかけるほど良くなるという簡単なものではなく、「指導することが成長の邪魔になっているのではないか」という認識をもつ必要性は日々の指導の中で感じます。例えば投球フォームの指導。いじることで良くなることもあるかもしれませんが、逆に悪くなってしまう可能性もある。指導者はそういう事態、状況に対する恐怖心を常に持っておかなければいけません。

こうした恐怖心が欠如している指導者は、口では「子どもたち、選手たちを勝たせたい」と言いながら、結局は自分が勝ちたいというタイプです。特に一部の私学の野球部においては、その年の成績によって監督を解任されるというケースも少なくないため、このような指導を行ってしまうのかもしれません。もちろん私自身も試合には勝ちたいです。しかし、それと引き換えに何もかも切り捨ててよいというものでは、決してありません。欲張りかもしれませんが、一人ひとりの選手もチームもいろいろな意味で成長させながら、勝利という結果を目指すべきです。

選手から勉強する時間まで奪い、まるでサイボーグのように野球だけをやらせて結果を残したとしても、その選手の最後の夏が終わったときに何も残っていないという人になってしまうのだとしたら、それは大変罪深いことです。高校野球ができるのは15歳から18歳の約3年間ですが、その先に60〜70年に及ぶ長い人生が待ち受けています。その60年、70年に大変な影響を与えてしまうという自覚を持って指導しなければいけません。

「野球だけやっていればいい」

こんな言葉が日常的に耳に入る環境にいると、本当にそう思い込んでしまう選手が出てきても不思議ではありません。そうなると、短期的な野球の結果は出しやすくなっても、その選手自身の人生の選択肢や可能性を狭めてしまうだけです。本当に選手ファーストで物事を考えているのであれば、そんなことは絶対にできないはずです。

AI時代に育むべき価値観とは

これからは一人ひとりが自分自身の価値観に基づいた幸せを追求していく時代になっていくでしょう。これまでは大企業に勤めて、結婚して子どもを育て、マイホームを建てて……という典型的な幸福像が日本にはありました。

しかし、こうした平均的な幸せの価値は低下していき、自分なりに人生をオーダーメイドする時代が来ると思います。極端な例ではありますが、例えば120歳まで生きられる時代が来たときに、「でも僕は100年でいいから、その分、毎年の年金をこのくらいもらって、こんな生活がしたい」という希望を叶えられるような時代が来るはずです。そのときに、はっきりとした〝自分らしい〟価値観を持っていなければ、他人任せの人生になってしまいます。

現代生活に置き換えれば、カーナビや飲食店の評価サイト、スマートフォンのさまざまなアプリの利用はその典型と言えるでしょう。カーナビの指示通りに進んで、かえって危険な道に入り込んでしまう。自分ではなく皆がおいしいと言う店だから間違いないと信じ込む。自分に向いている職種や企業をアプリで診断する。こうしたものに頼りきっていると、人間として本来持っておくべき感性がどんどん鈍ってしまいます。情報の取得という観点ではプロフェッショナルかもしれませんが、結局、最後にものを言うのは感性です。

野球に関しても同じで、投手の配球を中心にデータを集めることがありますが、「最後はデータよりも感性を優先しよう」と指導しています。打席に立ったときに、相手投手のストレートがデータ以上に速いと感じたなら、データ上の狙い球はストレートでも変化球に切り替えて何の問題もありません。つまり、全体を１００としてデータが50を超えることは絶対になく、データを集めて選手に必要なことを伝えたとしても、それは実際には50未満で、やはり感性のほうが上回っていなければ現実には対応できないのです。

ＡＩやデータにおいて大切なのは、それに翻弄されず、人間が使う側であり続けること。

いま指導している選手たちにそうなってもらうためにも、日々、常に考えながら接していかなければならないと肝に銘じています。

高校生という体も心も成長する多感な時期に、ＡＩやデータを上手に利用できる感性の基礎を培っていかないといけません。だからこそ、目先の勝利だけを目的とするような部活動ではなく、考える力を培う過程にも価値を認めていかなくてはダメなのです。

第1章

「高校野球らしさ」の正体

〝高校野球は坊主頭〟という固定観念

21世紀になって20年が経過しましたが、高校野球部のほとんどはいまだに坊主頭のようです。

まず根本的なことを記せば、坊主頭にしていること、それ自体は大きな問題ではありません。より真剣に考えなければならないのは、「高校野球と言えばやはり坊主頭が主流。そこから飛び出るのは嫌だな」と考えてしまう同調圧力、あるいは「昔から坊主頭が当たり前なのだから、それでいいじゃないか」という旧態依然とした習わしに倣っただけの思考停止。そちらのほうが罪深いと思います。さらに個人的な感覚で言えば、主従関係で従属することの象徴と捉えられる部分もあって、その点でも好ましくない印象を持っています。ミスをしたり、チームのルールを破った選手に対して、坊主頭を〝罰〟として強制する文化も早くなくさなければならないことの一つです。

つまりは「右へならえ」で済ませてしまって何も考えない、疑問を持たないことが問題であり、しっかりと議論をした上で「坊主頭でやっていく」と決めたチームであるならば、それは何も間違いではありません。

慶應義塾高校野球部では坊主頭は強制していませんが、個人的にそうしたいという選手がいれば認めています。部員は全体で約100名ほどですが、そのうち若干名が坊主頭。本人が望み、「そうしたい」という意志を持っているのであれば、当然、尊重します。ただし、まったくの自由というわけではありません。前髪が目にかかってボールが見えにくい状態であったり、投げたあとすぐに帽子が取れてしまうなど、プレーに影響を及ぼすほどの長髪は、私自身の判断で禁止にしています。その線引きさえ正しくできていれば、髪型が野球に影響を与えることはないはずです。

慶應義塾高校野球部では戦後間もなくの時点で既に坊主頭を強制していなかったという記録が残っています。「野球はそもそもスポーツであり、基本的には楽しむもの。だからこそ坊主頭にしなければならないという強制はおかしい」。こうした考え方が慶應には根強く、それがいまでも引き継がれているのです。

近年、甲子園に出場している高校で言えば、旭川大、秋田中央、花巻東の3校は坊主頭ではありません。特に秋田中央は、私から見てもカッコいいと感じる髪型の選手が多く、今後はこうした学校が間違いなく増えると思います。いまはそのスタート地点であり、これからの5年、10年で大きく変わると思います。同じ神奈川県内でも検討している学校はかなり多く、「早く変えたほうがいいですよ。あとからでは皆の後追いになりますから」

とアドバイスすることがあるのですが、それくらいのスピードで変わっていくのではないかと想像しています。〝高校野球は坊主頭〟という固定観念を持った人が一定数いたとしても、一度、流れが変われば、浮動層はその流れに抗えないように思います。

野球を通じて独立自尊の人財を育成する

頭髪の話題一つとっても、指導者が思考停止で何かを押し付けてしまうことは、選手の主体性を奪う行為だと言えます。慶應義塾には、「独立自尊」という言葉があります。周囲の意見に左右されず、自分の足で立ち、自分の目や耳で情報を集めた上で、自分自身の考えをきちんともつという意味です。そして自分の中に独自の考えがあることを自覚できれば、周囲の人間にも彼、彼女なりの考えがあるということが理解でき、結果として、他人を尊重できるようになります。

それとは逆に、自分の考えがない人は、他人もきっと考えていないという思考に陥りがちです。「この子たち、そんなことを考えているわけがないんですよ。言っても無駄なんです」というような発言をする指導者には、この傾向が強く出ます。「自分が高校生のときは、意見をもつなんていうことはなかった。だから、いまの選手も考えや意見をもつはずがない」と思い込み、練習メニューを独断で決め、半ば強制的にやらせて、それが勝利のための近道だと信じ込んでいるのです。もし、選手が反論でもしようものなら、頭ごなしに否定、叱責する。これでは選手は萎縮するだけで、ますます自分の意見を持たない人間になってしまいます。

それはやはり間違いで、人は皆それぞれの意見があって当たり前という前提に立たなければならず、そのためには、まずは自分自身が意見や考えを持たなければいけません。

ただし、いま私がそう思えるようになってきたのは、学校を卒業し、社会人として生きていく中で徐々に得られたものですから、高校生の年代で成熟するはずがありません。だからこそ、高校時代から少しずつでも伝えていくことが大切で、いますぐには完璧な理解ができなかったとしても、大人になるにつれて、あるいは大人になってから真意を理解してくれればよいのです。そういう意味でも、目先の結果を求め過ぎないように注意しなければいけないのです。

人はそれぞれ、その人なりの考え、意見を持っているという前提に立てれば、他者との違いを受け入れられるということですから、監督やコーチと選手、あるいは選手同士でまっとうな議論ができるようになります。

例えば、私が選手に、「いまのプレーなら、ファーストじゃなくてサードに投げるべきだったんじゃないの？」と聞いたときに、選手からも「僕にはこういう考えがあって、ファーストに投げました」という〝意見〟が自然と出てくるでしょうし、私も「いまのケースなら、確率的にはサードのほうがアウトを取りやすいと思うよ。でも、その考え方も、それはそれでありかな」と、選手を〝尊重〟したアドバイスができます。これはさまざまなケースに応用が可能で、チーム内で当たり前になっていけば、そのチームは間違いなく成熟していくはずです。

選手同士で意見を戦わせることも、私自身はとてもいいことだと思っています。お互いが意見を出し合い、それを聞いていた周囲の選手からも意見が出て、さらに議論が深まっていく。そこまで行けば大成功で、そうなると監督である私の出る幕はありません。その上で約束事や共通認識が増えていくことが、本当の意味でのチームの成長と言えます。

ケガをいとわない根性論は美しいか

選手がケガを申告できる関係性を築く

高校野球にかかわらず、高校の部活動全般に言えることですが、ケガをした選手が無理に練習をしてしまい、必要以上に悪化させてしまうケースがよく見られます。この大きな原因の一つが、指導者と選手のコミュニケーション不全。つまりは、選手が指導者に病状を素直に報告できないでいるのです。もちろん、40代や50代、あるいはそれ以上の年齢の指導者と、15～18歳の選手が親友のように何でも言い合える関係になることはほぼ不可能で、完璧なコミュニケーションを取り合えるとは正直、思っていません。

しかし少なくとも、必要最低限のことは報告、相談できる関係性や、選手側が言いやすい環境を作ることはとても大切です。そのためには、指導者側と選手が上下関係にならないこと。そうなってしまうと、そこに現れるのは一方通行の伝達や命令で、選手は服従、従属するだけとなり、それを正常なコミュニケーションと呼ぶことはできません。旧来の高校野球の組織では、こうした一方的な伝達・命令が当たり前でしたが、これを双方向型に変えていくことが理想です。指導者側から伝える場合もあれば、選手から言うケースもある。よりフラットな関係性を慶應義塾高校野球部では目指しています。

選手から「最近、肩に痛みや違和感があるのですが、早退して治療に行ってもいいですか？」という相談が来たときに、指導者も「それはいつから？　分かった。行ってきなさい」と言える。いわゆる一般に報・連・相と呼ばれる意思疎通が、当たり前にできるようになっていなければいけません。

このような関係性を構築するために必要なことは、選手の話を聞く姿勢をもつこと。決して「ケガするなんて使えねえなあ」などと言ってはいけません。それでは、選手は「言っても無駄」だと感じてしまい、ますます意思疎通が難しくなるだけです。またケガの症状、経過報告については、完治して復帰するまでのプロセスを共有する必要があります。指導者が病院や治療院を責任を持って紹介し、どのような診断がくだされ、どのような治療が行われたかをきちんと報告させる。それこそが指導者としての務めです。

すると選手は、「正直に言ってよかった」「いい先生を紹介してもらえたから早く回復できた」と感じて、指導者に対する信頼感を高めます。逆に言えば、選手に「言わなければよかった」と思わせないことが大事。一事が万事で、たとえ小さなことであっても、「言わなければよかった」という気持ちにさせてしまうと、選手は指導者に対してますます心を閉ざします。

さらには、治療院や病院とも信頼関係を作っておくことも大切です。私自身、ドクターや治療院の先生とは、経過や復帰の目処について気兼ねなく話せるような関係を構築しています。その結果、安心して治療を任せられますし、選手にも復帰の目安を伝えられる分、モチベーションを高くキープさせてあげられる。選手からすれば、出口の見えないトンネルが一番つらいはずですから、復帰、完治までの道筋を示してあげるのも、指導者の責任ではないかと思います。

高校3年間で野球を一生懸命やらせてあげることも、指導者の一つの責任ではありますが、その先で野球を続けていく選手もいます。大学や社会人、プロはもちろん、大人になって草野球をやりたくなったときに肩や肘が上がらない、腰が痛くて日常生活もままならないというような状態にしてしまっては、指導者として大変に罪なことです。だからこそ、普段からよくコミュニケーションを取らなければいけません。

選手には、「痛みや違和感があれば、隠さないで早めに相談しなさい」と言ってあります。相談なく、そのまま野球を続けてしまったせいで、1週間の休養で回復したはずのケガが1カ月、3カ月と休まなければいけない状況になるかもしれません。それは、その選手にとってはもちろん、チームにとっても大きなダメージとなりますから、「できる限り早めに相談しなさい」と言い続ける必要があるのです。

連投の賛否が議論される時代を迎え

2019年夏、岩手県大会決勝において、プロ注目の大船渡高校のエース佐々木朗希《ろうき》投手（※同年のドラフトで千葉ロッテマリーンズに入団）が登板を回避したことで、大きな話題になりました。結果として大船渡は敗れ、甲子園出場を逃し、「投げさせるべきだった」「いや、選手の将来を考えれば登板回避は当然のことだ」と賛否両論が巻き起こりました。

このことについて私見を述べる前に、まず肝に銘じておかなければならないことがあります。それは、根本的には当事者の問題であって、第三者である周囲があまりとやかく言うべきではないということです。監督と選手の間には2年半という長い月日をかけて築き上げてきた信頼関係があり、いろいろな条件や環境を総合的に判断し、その結論として登板回避を選択したわけですから、そこに第三者は容易に立ち入るべきではありません。

私を含めてほとんどの人は無責任な立場にあり、「投げさせるべきだった」と言っていた人に理由を聞けば、多くが「佐々木投手が甲子園で投げるところを見たかった」くらいの自分勝手な答えしか返ってこないはずです。

もし万が一、致命的な故障をした場合、誰が責任をとるのか。他の部員たちの気持ちはどうだったのか。この結論を導き出すために、どれほどの苦労があったのか。真実は当事者以外は分かりようがないため、無責任な立場の人たちは過度な発言は控えるべきだと、私は考えます。

とは言え、高校野球が変わっていくための大きなトピックの一つになったことだけは間違いありません。多くのメディア、媒体だけでなく、SNSを含めて賛否両論の議論が巻き起こりました。まずそれ自体がすごいことです。数年前であれば、「なぜ、投げさせないんだ。そんなのはおかしいだろう」で終わってしまっていたでしょう。しかし、「（大船渡の）監督の英断だ」という意見や、逆に「それは保身だ」という意見まで出て、議論が沸騰しました。これは高校野球の見方が変わる節目がやって来た、というふうにも捉えられると思います。

もし私がこのときの大船渡の國保《こくぼ》陽平監督の立場であれば、眠れないほど思い悩むでしょう。「勝てば甲子園出場が決まる決勝戦。チームにはすごい投手がいる。しかし登板間隔が短く、連投にもなる……」。どちらを選択するにせよ、周囲からはさまざまな意見が噴出するでしょうし、非常に厳しい決断を迫られるだろうと推測します。

チームの勝利と個人の将来を天秤にかけてしまう理不尽さ

私であれば、まずはその投手と話をします。ただし、どう話すかは非常に難しい。「投げたいか？」と聞けば「投げたい」と答えるでしょうし、「将来のことがあるので、投げたくありません」と言われたら、それはそれで違うだろうと思ってしまいます。そして、それ以上に考えなければならないのが、チーム全体の問題。監督とその投手だけで決めず、部員全員で話し合うことも一つの手段ではないかと思います。

高校野球が目指しているものは、何よりもチームとしての勝利。力のある優秀な選手をプロ野球やメジャーリーグに送り出すために、高校の野球部は存在しているわけではありません。レギュラーだけでなく、ベンチの控えメンバー、スタンドで応援する部員、すべての選手のことを考えて結論を出すべきでしょう。彼らはチームの勝利のためにベンチでそれぞれの役割をこなし、スタンドで声を張り上げ、雑用までこなす。そうであるにもかかわらず、「エースを故障させたくない」「無事にプロに送り出したい」など、チームの勝利とは異なるベクトルの話をされてしまうと、その選手以外のメンバーは不信感や疑問しか持ちません。また、私とエースの選手だけの話し合いで決めて、「明日の決勝は投げなくなったから、よろしく」なんて言われても、他の選手は困惑するだけです。

この大船渡高校のケースでは恐らく、周囲の選手が不信感や疑問を抱かないプロセスを経て、佐々木投手が投げない方向へと話を進めていったのだと推測します。チーム全体が納得するために、監督がどのような過程を踏んだのかは大変興味がありますし、本当に難しいことだったと思います。

あるいは思い切って、誰にも相談せず、監督一人が全責任を背負う形で決断するのも、一つの方法かもしれません。

選手を守るための球数制限制度化の必要性

〝監督が一人で決断することも解決方法の一つ〟と記しましたが、とは言え、それでは監督にのしかかる責任や重圧が大きくなるばかりです。特に今回の大船渡高校の國保監督は30代前半と若く、どのようなプロセスを経たのかは不明ではありますが、苦渋の決断を迫られたことだけは間違いありません。

そこで解決策の一つとなるのが、数年前から議論されてきた球数制限を設ける方法です。そのルールの中で投手をローテーションさせていけばよいため、指導者がすべての責任を背負う必要がなくなります。２０２０年の春から「1週間で５００球以内」というルールが定められました。最善の解決策という気はしませんが、指導者を含めて高校野球に携わる者が皆で考えていく議論の入り口に立ったことになります。

やはり野球は、投手への負担が大き過ぎるスポーツです。その負担を軽減するために、球数制限以外にも、ＤＨ制の導入や大会日程の抜本的な見直し、イニング数を9回から7回に減らすなど、たくさんの選択肢を持ちながら議論が進められていくべきだと思います。つまり、球数制限によって投手の肩が守られるようになったから万事解決といった簡単な問題ではなく、これを契機にして甲子園の大会日程を考えないのは本末転倒です。高校野球、甲子園が今後１００年続いていくための本質的な議論に発展させなければ、何も意味がありません。

例えば7イニング制度が採用された場合、「そんなのは野球じゃない！」という批判が起こるかもしれません。しかし私自身を含めて責任ある立場の者が、本当の意味で真剣に考えていかなければ、若者の未来や高校野球の将来が失われていくばかりです。選手を守るためにも、これからの野球のためにもこれまでの高校野球の在り方に縛られない発想が必要だと考えています。

体罰に逃げる前時代的な鬼監督像

手をあげる指導者の弱さ

平成から令和に変わり、時代も迅速に進んでいるにもかかわらず、高校野球における体罰の問題はなくなることがありません。過去と比較すれば、その数自体は減少しているのでしょうが、「あの学校の、あの監督はやっているらしいよ」などといった噂は、いまだによく耳にします。

では、体罰を根絶できない原因は一体どこにあるのでしょうか。

その一つとして考えられるのは、指導者が、自分が学生時代に受けてきた指導を踏襲してしまうという点にあります。野球ばかりでなく、家庭環境、親や教師との関係などにおいて体罰を受けることが当たり前だった場合、その経験が根幹となり、自分が指導する立場となったときに、選手にも同じことをしてしまうのです。

こうした指導者は、時代の違いを認識できておらず、さらには指導方法の引き出しを増やす努力も怠りがちです。そのために他のより良い指導法を身に付けられず、「俺は体罰を受けながらうまくなったし、強くもなった」と過去を美化した結果、本来は尊重し、愛すべき選手を肉体的にも精神的にも傷つけてしまうのです。

あるいは、感情のコントロールが苦手であったり、選手との関係の中で支配的な立場に居たいと考えるタイプの指導者も体罰に走るケースが見受けられます。戦国時代の武将のように〝下の立場〟の選手をひれ伏せさせ、自らがその場を支配している状況を作り出したいという欲求を満たす。そこに、前述した過去の自身の経験や、その経験の美化などの条件が加わり、さらに「今年勝ち進まないとクビになってしまう」といった指導者自身の焦りが付加されると、理性的な対処ができなくなり、体罰につながるのだと思います。

結局のところ体罰は、さまざまな指導法に対する勉強不足や、それ以外の方法で問題を解決する意志を持とうとしない努力不足など、高校生を指揮、指導する立場として足りないものがすべて出てしまった結果であると、私は考えます。

私自身、選手に手をあげることはありませんが、言葉であえて強く言うケースはあります。体罰がないのは当然としても、きつくも言わず、すべて優しい口調だけで指導が成り立つのかと言えば、それは難しい。ときにはあえて強く、きつい言い方をすることも、コミュニケーションの引き出しの一つだと思います。

いまは少しでも強い言葉を使うと、「言葉の暴力だ、パワハラだ」と言われかねない時代です。しかし、そこにおもねっているだけでは、指導が前に進んでいかない部分も正直あります。人前で叱ってはダメ、大声で叱るのもダメ、嫌みを言うのもダメ。これでは「頑張って」くらいの言葉しか掛けられなくなり、本当の意味での成長を促すことは難しいと思います。

多少の強制が伴い、選手も少しばかり「嫌だな」と感じたとしても、そこから徐々に良い習慣が生まれ、選手の成長やチームの方向性の統一につながることもあるのです。

前述した通り、現在は体罰だけでなく、言葉や精神的なものも含めて理不尽さや圧迫感を与えてはいけないという時代になってきています。その意味では私自身、言葉の強さや言い方に関して、どこまでがよくてどこからがいけないのかという線引きは、模索しているところです。一つの場面だけを切り取られて、「それはパワハラです」と言われる可能性も十分にあるので、悩みどころです。

過去には少し強く言い過ぎて、立ち直るまでに時間がかかった選手がいたことも事実です。そのため、これまで私が行ってきたことすべてが正しいと言うつもりは毛頭ありません。高校野球の監督、あるいは大きく捉えて指導者というのは、少しでも物事を良くするために日々模索していく職業だと考えていますから、真理に一歩でも近づけるように努力し続けるつもりです。

一人ひとりの選手に関心をもつ接し方

選手への言葉かけ、選手とのコミュニケーションという意味では、私は選手をよく見る、よく観察することを心がけています。そして、その上で話しかけるなどの意思疎通を図っていますが、選手を「見る」「観察する」という行為は、話す以上に重要だと感じることもしばしばです。

例えば、普段から選手のことをよく見ていないにもかかわらず、何の気もなく「お前、いつも頑張っているな」と声をかけたとしても、選手の心には響かない可能性が高いでしょう。実際は、その選手はうまくいっていないと感じているかもしれませんし、そのせいで悩んでいるかもしれません。そうなると、声をかけられた選手は、「この監督は俺のことをちゃんと見てくれていない」と思うだけで、信頼関係の構築にはつながりません。

それとは反対に、日頃からよく観察した上で、「最近、ちょっとタイミングのとり方を変えたね」や「新しいスパイクにしたんだ」といった声かけを実践すると、選手は「この人はちゃんと僕のことを見てくれている」「そんなことに気付くなんて、鋭いな」と思うようになります。

会話をするための前提として一人ひとりを見てあげることが大事であり、また、よく見ることでさまざまな変化に気付き、会話の糸口にもなります。すると、選手の気持ちが前向きになったり、練習に意欲的に取り組むようになるなどのプラスの変化が生まれてくるのです。

なぜ、選手をよく観察することが大事なのか――。それには、現代の少子化も大きく影響しています。かつてのように、5人や6人きょうだいといった家庭は極端に少なくなり、一人っ子や2人、多くても3人きょうだいまでという家庭が増えました。つまり家庭でも、親が子ども一人ひとりをよく見る時間が増えている影響で、部活動やグラウンドにおいても指導者が自分を見てくれているかどうかに対しては、かつての同年代よりも敏感にはなっているはずです。だからこそ「見ている」「観察している」ことを伝えるために、そのサインとしての会話が必要になってくるのです。

慶應義塾高校野球部には約100名の部員がいますが、それだけの数の部員を分け隔てなく平等に見られているのかと問われれば、答えはノーです。物理的に難しいというのが正直な回答です。

しかし、こうした私の至らない部分を補ってくれているのが学生コーチです。彼らは全員、慶應義塾高校野球部出身で、部内のことをよく理解してくれています。彼らを含めたスタッフが総勢約15名在籍しており、私の2つの目だけではなく、30以上の目で100名の部員を見られる体制を整えています。学生コーチの役割については後述しますが、彼らの〝目〟があることで、私自身、本当に助けられています。

選手をよく見て会話することで生まれる、もう一つの具体的な変化があります。それは、選手がスタッフに自分たちの悩みやアイデアなどを相談しやすい空気が、チーム内に醸成されることです。例えば、ウォーミングアップや練習メニューにおいて、選手たちから「こういうことをしたい」といった提案が頻繁に出てくるようになります。野球は場面ごとに、その都度、個人の判断が求められるスポーツです。そのため、練習メニューの組み立ての段階から、選手が考えて判断した意見が活発に出るのは非常に良いことですし、それがチームの成熟へとつながっていきます。

根本的には、前述のケガの話と同様の構造で、選手が言いやすい、相談しやすい環境があれば、チーム全体が良い方向へと循環していきます。病院や治療院を紹介され、順調に回復している選手がいれば、それを見たまた別の選手が、「僕も相談してみよう」という気持ちになりやすくなる。こちらができるだけドアと窓を開けて、「何かあれば言ってきなさい」というオープンな状態を作っておけば、いざというときに、いろいろなことが円滑に進んでいくのです。

報告、連絡、提案、質問、意見。そのいずれにおいても、選手が常にそうしたいと思えるように、日々、地ならしをしていく。そのきっかけとなるのが、選手をよく観察した上での日頃の会話なのです。力で押さえつけるような古いタイプの指導者像を脱却し、選手に関心をもち対話的なコミュニケーションをしていくことが、これから一層重要になってくると考えます。

高圧的な押し付け指導がなぜ蔓延しているか

なぜ高校野球に関わる大人、特に指導者が高校生に対してエゴイスティックになってしまうのでしょうか。その大きな理由の一つに、〝自分がされてきたことをしてしまう〟という人間の特性のようなものが現れてしまっていることが挙げられると思います。自分が現役時代に指導者から体罰を受けたり、高圧的な言動をとられたりすると、それが自分の中のベースになってしまい、自覚がないままに同じ言動をとってしまう。このような負のスパイラルを生んでしまうカラクリがあるのだと考えられます。

また、自分自身の価値観を押し付けがちな点も看過できません。これは高校生を子どもだと思っていることに起因しています。〝球児〟という呼び方にも顕著なように、高校生を子ども扱いし、指導者である自分は大人という意識のもとで、自然と上下関係を発生させてしまっているのです。これでは本当の意味で、良いコミュニケーションを図ることはできません。一人の人間同士として意見交換するときには、お互いの関係性がフラットであることが大前提。しかし、上から目線になってしまうと、価値観の押し付けがいつまで経ってもなくならないのです。

さらに、指導者が効果的だと思うことを、自分の目の届く範囲でやらせたほうが早いということも大きな理由の一つだと考えられます。早いというのは結果を早く出せるという意味で、「自分で考えろ」と言って選手に時間を与えるのは、2年半という短い期間しかない高校野球にとってはかなり遠回りな作業です。促成栽培とまでは言いませんが、結果を早く出すことだけを考えれば、自分が〝されてきた〟指導をベースにやらせたいことをすべてやらせるという安易な方法を選択しがちなのです。

しかし、チームというのは本来、選手と一緒に作っていくものだと私は考えます。選手の意見にも耳を傾けるべきで、ときには議論を戦わせることも必要でしょう。あるいは選手に委ね、選手たちだけで重要事項を決定させるような、〝精神的なゆとり〟も指導者は持っていなければなりません。

大切なのは、選手あるいはチームがいかに成長していくか。成長とは、目先の結果である勝ち負けだけではなく、前述したように高校野球を通していろいろな経験をすることであり、その価値自体を高めていくことです。このような基準、視点を持っていれば、上から押し付けるような指導には決してならないと思います。

高校野球には〝時間がない〟。それが事実であったとしても、選手を信じて待つ姿勢こそが重要なのです。

選手に委ねるということ

私の現在の監督業の原点とも言える出来事が１９９０年の８月、高校２年生のときに起こりました。当時、在籍していた慶應義塾高校野球部の夏の大会が終わり、前監督である上田誠先生が監督に着任。新チームが始動した当初の練習で、上田監督が次のような言葉を我々、選手たちに告げました。

「セカンドへのけん制の新しいサインを、自分たちで考えてみなさい」

この言葉は私にとって非常に印象的でした。サインは指導者が考えるもので、選手はそれに従うだけ。そういう価値観しか持っていなかった私は「そんなことをしていいんだ」と非常に驚きました。まさにパラダイムシフトとも言える瞬間でした。

その日の全体練習後の夕方、セカンドへのけん制に関わる投手、捕手、内野手が集まり、必死に議論を重ね、新しいサインを考えていきました。気付けば、あたりは真っ暗になっており、皆、それほどまでにのめり込んでいたのです。そして数日後の練習試合で実践すると、見事に決まってアウトを取ることができました。

この経験は本当にたくさんのことを教えてくれたと思います。自分たちでサインを考えることの楽しさとやりがい、そして自分たちで決める以上、実行できなければいけないという責任感。大げさではなく、高校野球を現役でプレーしていた当時における一番の思い出で、とても大きな転機となりました。

後年、上田先生にその意図をうかがったところ、「(サインを)自分たちで決めたほうが楽しいだろう」という返事が返ってきました。部のテーマでもある〝エンジョイ・ベースボール〟と通底するものであり、実際にその後は野球が本当に楽しくなり、より追究していきたいという思いが芽生えました。上田先生は間違いなく恩人です。

上田先生のもとで野球をしたのはわずか1年でしたが、いまでもはっきりと覚えているのは、ご自身を〝監督〟と呼ばせなかったことです。監督という肩書で呼んでしまうと上下関係が固定化され、フラットな人間関係が作れない。そういったことを嫌って、高校生である私たちはかなり年長である監督を〝上田さん〟と呼んでいました。チームのトップである監督を〝さん付け〟で呼ぶことで距離感が一気に縮まり、一緒に勝利を目指す仲間、もしくは少し上の先輩という感覚で認識できるようになったと思います。

私自身もまったく同じ思いがあり、選手や学生コーチには監督ではなく、〝森林さん〟と呼ばせています。40代後半の大人と高校生がフラットな関係でいられるのはまず不可能ですが、こちらが選手側に少し近づいていってあげることで、言いたいことがあったときに言える関係になりやすいはずです。その関係性を保つために、この方法を現在も踏襲しています。

高校球児は青春の体現者か

エンターテインメント化した高校野球

大人が選手を自分好みのストーリーに当てはめようとする、いわば、青春の押し付け問題。これも高校野球が抱える、そして解決していかなければならない大きな課題の一つです。高校野球はシンプルに言えば、高校生がただ野球をやっているだけですが、真夏の風物詩やお祭りのように捉えている人が多く、もはや非常に巨大なエンターテインメントとなっています。新たなヒーローの出現や感動的なゲームを望むファンがいて、また、それを売り込んでいこうとするメディアの存在もある。そこで過剰に膨らまされたドラマに、それを望むファンが喜んで食いつく。こうした土壌が高校野球にはあると思います。

そしてそれを支えているのが、春と夏の全国大会が公共放送で全試合生中継され、その面白さを全国民レベルで共有できてしまうところなのです。一部からは「試合が面白いのだから、いまのままでいいじゃないか」という意見も聞かれますが、それは高校野球の思い上がりです。他の競技、例えば高校ラグビーの全国大会が野球と同じ条件で放送され、同じようにメディアで取り上げられていれば、その面白さは高校野球並みに伝わるはずです。そのため私個人としては、高校野球だけが特別に面白い競技だとは思いません。

こうした大きな舞台で野球をやらせてもらっている私たちが、それを一方的に批判するのはおかしな話かもしれません。

ただ私自身、いまの高校野球は嫌いなところがたくさんあります。

それゆえに現状を変えていきたいからこそ、指導者として高校野球に携わっています。

繰り返しになりますが、高校野球には大人が作り出した強い固定観念があります。全力疾走、汗、涙……。それらを良識ある大人であるはずの関係者やメディア、ファンが求め、高校生が自由な意思で身動きをとれない状況はおかしいと言わざるを得ません。

「別に坊主頭じゃなくても、何も問題ないのではないか」

「監督が絶対的な存在である必要があるのか」

「そもそもサインなしでプレーしてもいいのではないか」

「高校生が主役となって、もっとチーム作りに携わってもいいのではないか」

こうした現状への疑問や改革案を常に念頭に置き、慶應義塾高校野球部では、監督と部員が対等に意見を出し合いながら、日々の活動を作っていくことを目指しています。これまで皆さんが見てこられた〝ザ・高校野球〟とは異なりますが、新たな形を提示していき、旧来の価値観に揺さぶりを掛けることが目標であり、また私の使命だとも思っています。

ザ・高校野球「甲子園」の呪縛

〝ザ・高校野球〟の型にはまっているのは、大人だけではありません。実は選手の側にもこうした流れに飲み込まれている者が少なくないのです。

幼い頃に甲子園を見て、甲子園に出たいと思う。そこまでは理解できます。しかし、そのために「●●高校に行けばいいだろう」や、「その高校に行くためにはどの中学校のチームに所属すればいいのか」といったようなことまでを周囲の大人と一緒に考え始めるのです。表現は良くありませんが、皆が皆、甲子園というキーワードに取り込まれて中毒症状を起こしてしまったような状態。選手も自ら進んでその枠に入り、坊主頭を強制されることに何の疑問も抱かないような子が大多数ではないでしょうか。

子どもは柔軟なようで、意外と保守的です。私は小学校の教員もしているのでよく分かりますが、小学生も突飛な発想をするよりは皆と同じことで満足する傾向があります。遊びで言えば、自分が新しい遊びを開発するよりも、誰かが持っているゲーム機を欲しがるというような傾向があります。

これは日本人の特性なのかもしれませんが、少なくとも高校野球が助長している部分はあると思います。こうしたところにも一石を投じるべきで、「高校野球がこんなにも変わった」と認知されるようになれば、そこが風穴となって日本のスポーツ界や、もっと言えば日本社会そのものが変わっていくイメージも持っています。

高校野球は良くも悪くも影響力の大きいスポーツ。国民レベルで共通の話題となるような高校の部活動は他にないので、この注目度を良い方向に使っていけば大きな変革のチャンスにもなるはずです。注目を集めるということは、それだけ責任感や使命感を帯びることでもありますから、その意義を高校野球全体で理解する必要があるのです。

慶應義塾高校野球部に入部してくる選手たちは、こうした画一的な考え方からはやや外れた意識を持っている選手が少なくありません。プロ野球を目指すよりも、野球と勉強を両立させて、将来的にはさまざまな分野の仕事で活躍したいと考える選手がかなり多くいます。実際、甲子園に出場した際のアンケートでも、将来の夢の項目に「社長になりたい」や「弁護士になりたい」などと書いた選手がかなりいました。もちろん野球自体には一生懸命に取り組みますが、その次のステップを見据えているタイプが多いようです。そういう事情もあって、私の考え方を比較的理解してもらいやすい環境にはなっています。

改革はまずは指導者の意識から

ここまで選手の資質について言及してきましたが、根本的な改革を目指すにはやはり指導者が変わっていかなければいけません。常に新しい指導法を模索し、「本当にこのままでいいのだろうか」という思いが基本的なスタンスとしてなければ、高校野球は変わっていかないでしょう。現実問題として、野球を選ぶ子どもがこれまでとは比較にならないペースで減少しているのですから、現状維持でよいわけがありません。

自戒も込めて記せば、指導者は常に勉強して新しいものを取り入れ、自ら新しいことに挑戦する姿を選手に見せていく。選手には、「失敗してもいいから、将来のために、新しいものにどんどん挑戦しろ」などと言いながら、自分自身は固定観念にとらわれた、これまで通りのことにしか取り組まないのは、指導者として失格です。

常に新しいものに挑戦し、何かを変えて、これまでとは異なる歴史を作っていく。これが、指導者の目指すべきものであり、甲子園での実績で得られた名声を守るという保守的な姿勢は、私は違うと考えています。名将と謳われる方でも、投手を潰したり、ケガをさせてしまったり、思ったほど選手を伸ばせなかったことがあるはずです。つまり、どれほどの実績を作ったとしても、まったく隙のない完璧な指導は絶対にありません。指導者こそ向上心をもつべきで、もし仮にそれを失っているのであれば退場して、新しい世代に席を譲るべきなのです。

少年たちは野球を楽しんでいるか

小学生から酷使される選手の肩

ここまで高校野球の問題点を記してきましたが、実は、少年野球はその比ではないほど、理不尽なことが行われています。特にチームのエース級の投手にかかる負担の大きさはひどく、目を覆うほど酷使されています。週末の土日のゲームに連投して、日曜日の2試合目にはキャッチャーをさせられる。キャッチャーは毎回、返球しなければならないので、体をより酷使することになり、肘や肩を痛める子どもが非常にたくさんいるのです。さらには完治する前に、また投げさせる……。そんなことが繰り返され、その結果、故障は悪化し、中学以降は野球から離れたり、投手ができなくなったりする選手がたくさんいます。あるいは高校生になってから、弱っていた靭帯が力尽きて切れることもあります。ケガや故障の発症は高校の時点であっても、小学校や中学校のときの疲弊が根本的な原因であることは大変多いのです。

また、腰椎分離症を抱える選手も多いのですが、これは小学校、中学校の段階で、素振りなどの練習をし過ぎたことが原因の一つです。まだ骨が固まっていない状態で、片方向の回転を過度に繰り返すことによって腰椎に余計な負荷がかかります。小学生や中学生の段階で発症し、高校生で痛みが強くなって手術に踏み切るケースも少なくありません。少年野球で生まれた歪みが、高校野球で悪影響を及ぼす典型的な例の一つと言えます。

こうしたことが起こる原因はやはり大人、指導者に大きな責任があります。口では「子どもたちを勝たせたい」と言いながらも、結局は自分が勝って評価されたいという欲求を満たすために、小学生や中学生に前述したような過剰な負荷をかけてしまうのです。まさしく高校野球にも通じる〝大人のエゴ〟です。

その原因の一つには、小学校レベルでの大会、公式戦が多過ぎることが挙げられるでしょう。高校野球の場合は多少の地域差はあっても、基本的には春、夏、秋の大会が行われる程度です。しかし少年野球に限れば、区や市、私設リーグの大会が頻繁に行われ、週末には大会を掛け持ちし、ハシゴしているチームも少なくありません。その結果、チームによっては年間二百数十という試合をこなすことになり、それを自慢気に語る監督までいるのですから、事態は相当に深刻だと言わざるを得ません。しかも何百という試合を本当に限られた数の投手で回しているチームも多く、考えただけで恐ろしさを覚えてしまいます。

この問題を解決するには、指導者が正しい知識を得て、指導のレベルを上げていく以外に方法はありません。基本的に子どもと大人の体はまったく違うもので、幼い頃に肘が変形すると、その子は本当に野球ができなくなってしまうことなど、医学的な理解を広め、深めていく必要があります。これに関しては、慶應義塾高校野球部前監督の上田誠さんが地道な啓蒙活動を続け、私も間接的にお手伝いしていますが、本当に話を聞いてほしい指導者には届いていないのが実情です。

進歩的で勉強しようという意思を持った指導者は講習会や勉強会に来ますが、本当に変わらなければいけない指導者は出席しません。これは高校野球とも共通する部分で、固定観念に縛られた指導者は、「俺はいままでこのやり方でうまくいってきた」と意固地になり、変わらないままでいるのです。

小学生の段階であれば、その子の好きなように野球をさせて、中学校や高校でも頑張りたいと思う子どもを一人でも多く送り出すのが、本来、少年野球に求められている役割だと思います。体力や技術は中学校や高校の段階で身に付けても、何も遅くありません。小学生のうちは「野球は楽しい」と思えれば、それで十分なのです。

もっと言えば、大会さえなくてもよいのではないかという思いがあります。野球は本来リーグ戦で行うべきもので、トーナメント形式の大会はそもそも無理があるのです。その結果、負けたら終わりというところに美学を求め始め、前述したように、そのドラマをメディアやファンが倒錯的に楽しむという現象が起きてしまいます。また一発勝負となれば、当然、選手起用にも偏りが生まれ、エースと心中せざるを得ないチームも出てきます。

負担の大きい少年野球の保護者

少年野球が抱える問題は、指導者だけではありません。保護者にかかる負担が大きいことも、子どもの野球離れに拍車をかけています。

保護者にたくさんの仕事を任せるチームは非常に多く、練習や試合には父母どちらかが必ず同伴し、駐車場係や、グラウンド周りの芝刈りまでさせられるケースもあるようです。つまり送り迎えだけでは済まないことが多く、こうした事情を考慮して、小学校の段階で「野球はちょっと……」と敬遠するケースが近年、特に増えています。送り迎えだけで済めば、練習が行われている2時間ほどの間に、保護者は買い物を済ませたり、お茶を飲みに行ったりできるため、その違いは本当に大きいと思います。ここ数年で言えば、サッカーだけでなく、バスケットボールやラグビーなども人気の球技となっているため、野球界はもっと危機感を持たなければいけません。

こうした慣例は野球特有のもので、なぜ、他競技には見られないかと言えば、野球界が変わるための努力をしていないからに過ぎません。単純にそれだけです。野球だけ保護者の負担が大きく、他の競技では必要のないことに、合理的な理由があるわけがありません。

「いままでやってきたのだから、いまさら何を変える必要があるの？」「これでうまく回ってきたのだから、何も変える必要がない」。理由を問えば、大半はこのような意見が返ってくるでしょう。しかし、いまになって気付けば、野球界の中では当たり前だったことが、他競技ではまったく非常識となっていて、完全に取り残されてしまっている状況です。

ここから脱却するためには、野球を外から見る客観的な視点がなければいけません。私は他競技の指導者とも頻繁に会うようにしていますが、それはやはり野球界の常識だけに染まらないようにするためです。例えば「なぜ、野球はそんなにも長時間の練習を課すのですか？」と問われたときに、「この世界の常識ですから」と答えてしまえば、それはただの思考停止です。なぜ野球では実現不可能になっているのかを考え、いかに無駄を省くかまで考えを巡らせなければ、何の進歩もありません。

また、子どもをもつ学生時代の同級生と話をしても、「野球をやらせるのは二の足を踏んでしまう」という話はよくされます。原因はここまで出てきた、保護者の負担、坊主頭、ケガのリスク、指導体制の古さ……。これだけのマイナス要因がそろえば、子どもにやらせたくないと思って当然です。指導の現場にいると、高校野球だけでなく、少年野球にもまだまだ変えていかなければならないことがたくさんあると、本当に実感します。

加速する小中の野球離れ

高校野球の未来を考えた場合、このままではやはり〝衰退〟は避けられません。現実として、小学生や中学生が、やるスポーツとして野球を選ばなくなってきており、全体の少子化のペース以上に子どもの野球離れは加速しています。ただし、甲子園で行われる野球のレベルそのものはさほど変わらないと思います。全体で野球をする子どもは減ったとしても、その中でも選りすぐりの、各都道府県で1、2位を狙うような学校で日本一が争われる限りは、レベルはそう簡単には落ちないでしょう。しかし、それを支える土台が細ってきていることは間違いないので、その先がどうなるかは本当に分かりません。

実際、賢明な親は「子どもに野球はやらせない」という選択を始めています。

そもそも野球はミスが付き物のスポーツであるにもかかわらず、空振り三振をしたら「黙ってそのまま立っていればボールなのに、なぜ振るんだ！」と叱られたり、逆に見逃し三振をしたら、それはそれで叱られたりと、そんな場面を目の当たりにすれば、野球を敬遠して当然でしょう。また、親御さんに過度な負担となるような当番制度がまだまだ残っていますし、さらには腰や肩、肘の関節などにかなりの負担がかかるスポーツであるため、小学生の頃からたくさん投げさせられた投手は、中学校、高校に進学する頃にはまと

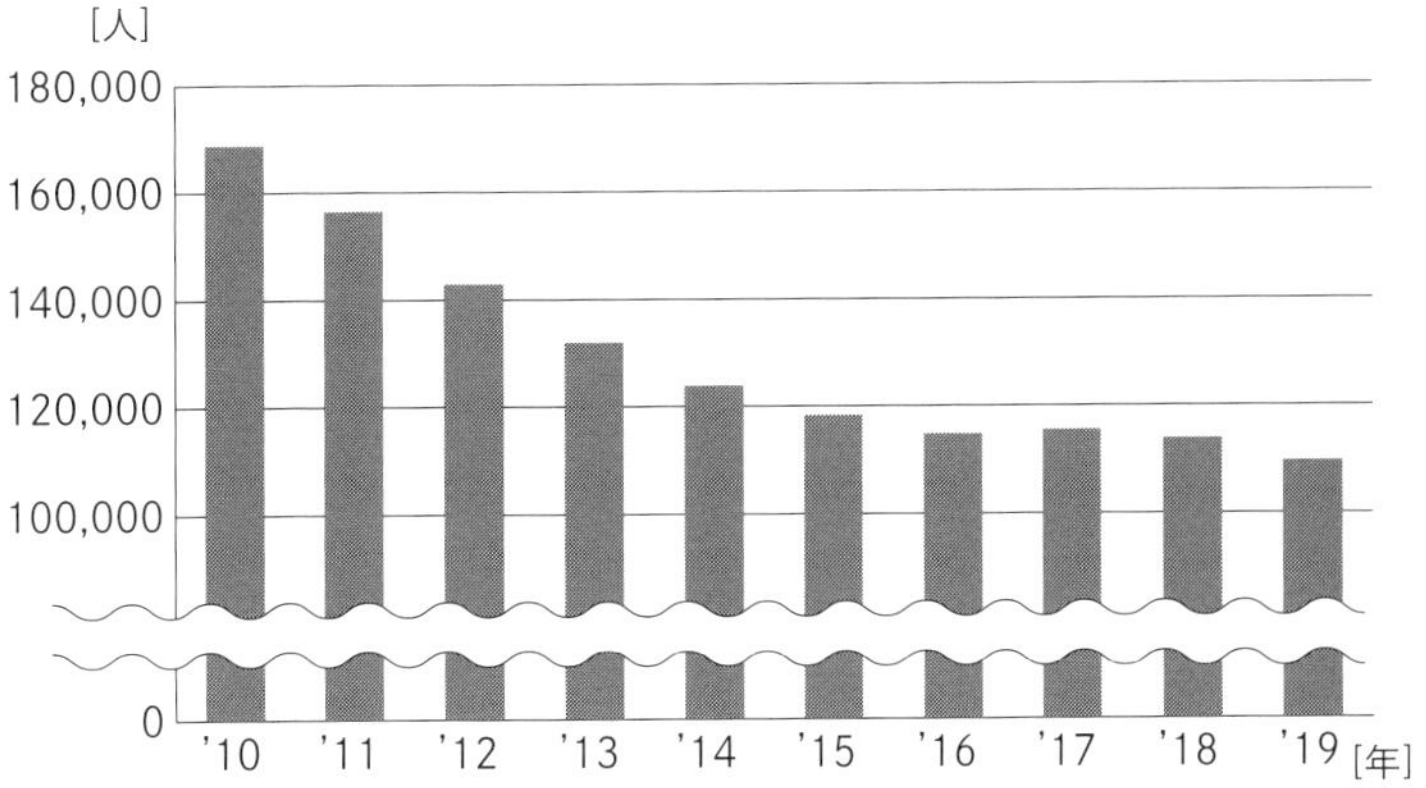

軟式野球団員数（日本スポーツ協会スポーツ少年団）

もに投げられなくなっているケースも珍しくありません。こうしたリスクを鑑みると、他の競技のほうが魅力的に見えて当然と言えます。

甲子園の先には大学野球やプロ野球という道があり、職業にできるスポーツという意味では魅力があるかもしれませんが、先に挙げた〝魅力的でない部分〟をかなり多くの親が見極め始めています。「子どものためには水泳をやらせたほうがいいのではないか」「バスケットボールなら半日で終わるし、そちらのほうがいいのでは？」「サッカーなら小さい子でもやれるから、やらせてみようか」。親がそういう思いを抱くのも当然ですし、指導者ライセンスの仕組みもサッカーのほうがかなり進んでいて、言葉は悪いですが野球の指導者は〝当たり外れ〟が激しいことも否めません。

野球人口の減少、土台の先細り……。一部の強豪校による甲子園大会という構図はまだ十数年は続くと思いますが、あとおよそ100年後、200回大会までは持たないと十分に考えられます。

子どもの自立を妨げる親の押し付け

また保護者の側にも問題がないわけではなく、そもそも子どもの力量を見誤っている保護者が多いように感じます。「うちの子の実力なら、あの高校には絶対に行けるはずだ」と思い込み、進学の際にチーム側と揉めるという話もよく耳にします。また入部後も、「なぜ、うちの子を試合に使わないんだ!」と指導者に文句を言うような、モンスターペアレント化する保護者も少なくありません。

これには、親と子の距離が近くなってきている時代的な背景が大きく影響していると思います。私が高校生の頃は、親が試合や練習を見に来ることにある種の気恥ずかしさを覚えたものですが、いまの高校生は少なくとも嫌がりはしません。もちろん時代の流れとして否定しきれない部分もありますが、親子間の距離の取り方がかなり変化しているのではないでしょうか。いまは昔のようにきょうだいの多い家が少なく、また一人っ子の家庭が多く、親が付いてきて、子どもの野球を一日中ずっと見ているという保護者がたくさんいます。趣味は人それぞれのため否定はできませんが、どうしても「何か違う」という感覚を個人的には捨てきれません。

この親子間の距離の近さは、親が先回りして子どもの行く道にレールを敷いてしまうという問題にもつながってきます。例えば、小学6年生や中学3年生の夏にチームが負けた場合、中学や高校に入るまでの約半年の間に、野球塾に通わせる保護者がかなりいます。〝子どもの野球が習い事になっている〟という問題は前述した通りですが、中学生や高校生でも類似する問題が起きているのです。

特に小学生に言えることですが、子どもだけで自然発生的に野球を楽しめる場をもっと作っていかなければいけません。そうでなければ、野球がどんどん硬直化したものになっていってしまうだけだと思います。

それは、指導者に対する評価も同じです。多くのメジャーリーガーを輩出するドミニカ共和国では、輩出したメジャーリーガーの数が指導者の評価の対象となりますが、日本では、甲子園で勝った指導者ほど評価される傾向にあります。これでは結局、勝ったほうがいいという流れになってしまいます。そうではなく、例えば、私立の強豪校と比較して能力はそれほど高くない選手たちを伸ばしたといったことや、将来の指導者をたくさん育てたなど、指導者を評価する視点はたくさんあるはずです。しかし現在は、全国中継される甲子園で勝つことがすべて。これではいつまで経っても、高校野球は変わりようがありません。

　保護者が子どもの将来に対して、過度に期待することも大きな危険を伴います。

　例えば、野球でどこまで行けるかという生き方を子どもに選ばせてしまうと、高校や大学を選択する際にも、野球がすべての基準となり、勉強がおろそかになった結果、将来の可能性や選択肢を狭めてしまう危険性は十分に認識しなければいけません。

　実際に夢が叶ってプロ野球選手になれればよいですが、大学卒業後に野球を続けられなくなったとき、勉強や考える習慣がないとなると、困るのは子ども自身です。このような子どもの可能性や選択肢を狭める行為を、保護者だけでなく、各年代の指導者まで含めてやってしまっているところに野球界の問題があると思います。

　もちろん、親子そろって「野球一本でやっていく」と腹を括るのも一つの選択肢ですから、真っ向から否定するつもりはありません。しかし、どこかで明確に子離れしなければ、子どもの本当の自立を促すことはできないでしょう。もし自分で何も決めないまま、年齢だけが大人になってしまうと、社会に出てもうまくいくはずがありません。例えば会社で何らかの試練があったときに、自分なりの解決策や、自分の行動に対する責任が持てず、挙げ句に上司や同僚に責任をなすりつけ、少しきついことを言われただけで「パワハラだ」

と訴えるような大人になりかねないと思います。だからこそ、部活動を通して、適度にきついことを言われたり、適度に嫌な経験をしたり、挫折したりすることは絶対に必要です。理不尽や挫折、人間関係。教室では教われないことが、グラウンドにはたくさんあります。体罰はいけないにせよ、これらをすべて否定して、何をしてもパワハラだと言われてしまえば指導者側は萎縮せざるを得ませんし、選手も社会に出てからの荒波を渡っていけなくなります。

学校に行く時期は社会に出るための準備期間です。それを小学生は小学生なりに、高校生は高校生なりに経験しておかなければ、いきなり大きな海を泳ぐことはできません。難しいことではありますが、適度に厳しいこと、適度にうまくいかないこと、適度に挫折することを経験させてあげるのが、部活指導の務めであると自覚しています。

伝統に縛られないこれからの高校野球のために

高校野球の〝誤った理想の姿〟

では、なぜ、高校野球ではこのような問題が起こってしまうのか――。それは、高校野球の〝誤った理想の姿〟が国民に刷り込まれていることが、大きな原因の一つとして考えられます。

選手を寮に入れ、坊主頭にして管理した上で、野球以外のことを考える余地さえ与えないほど練習させる。いろいろな方法があるかとは思いますが、これがいわゆる高校野球で勝つための近道です。そういうチームのゲームが全国放送の電波に乗り、ドラマチックに展開されているために、国民に「これこそが高校野球における〝善〟だ」という刷り込みがなされていくのだと思います。

そもそも全国大会が全試合、NHKで生中継されること自体が、高校生のスポーツにおいては破格の扱いです。他のほとんどの競技は、決勝すらテレビ中継されません。インターハイ決勝の結果でさえも新聞の片隅に載るか載らないか程度の扱いで、こうした他競技の状況と比較すれば、連日テレビで坊主頭の高校生が野球をプレーしているところが放映される。それが高校野球のイメージを強く刷り込んでいることの大きな要因でしょう。

さらには、それを大人たちが求めていることも問題です。現在、主流となっている高校野球の姿を〝日本の文化〟だと考える人たちが多くいて、「文化だからこそ守らなければならない」と考える人も多くいます。メディアもそういう文脈で扱い、少しでも新しいものに挑戦しようとすると、それだけで異端と言われ、本流扱いされません。

その意味では、私が監督を務める慶應義塾高校野球部も非常に苦労しています。慶應は坊主頭を強制していないので、〝旧式〟を重んじるファンからは「髪の毛を切ってから、出直してこい」というような野次を飛ばされることもあります。いまだに高校生は坊主頭で全力疾走して、汗と涙の物語を紡いでいく。こういうイメージが強いがために、エースが連投するチームの躍進が注目される傾向が強いのでしょう。

世の中は個性を重んじたり、求める時代になっています。そうであるにもかかわらず、目立たないように隣の人と同じことをやっていれば安心というような風潮が、高校野球にはまだ残っている。挨拶の仕方や入場行進などが典型的な例ですが、何をするのも一緒で、その集団の中にいることを重んじて、そこに属してさえいれば安心。これも高校野球の負の文化であり、日本人のメンタリティの形成に悪影響を及ぼしていると感じています。

そのせいか、いまの高校生や大学生も「個性を出しなさい」と言われながら、例えば大学の入学式では皆が同じ黒のスーツを着用する姿が見受けられます。そこから踏み出す勇気がないというのか、多様性を求められる時代にまったく逆行していると言えるでしょう。

しかし、こうした風潮を変えていこうという芽は、少しずつではありますがさまざまなところから生まれてきています。いまは社会全体も「変わるときは変わる」という流れになっていますから、この10年以内にかなり大きな変化が起こるのではないでしょうか。

2019年夏の岩手県大会決勝で、のちに千葉ロッテマリーンズに入団した佐々木朗希投手が、チームのエースであるにもかかわらず、登板を回避しました。この一件にしても、佐々木投手は投げさせるべきか否かという議論が全国で起こった時点で、これまでの地点からは一歩進んだと言えます。現時点ではさまざまな意見がありますが、球数制限のルール制定を切り口に、少しずつ良い方向へと変革が進んでいくことを心から望みます。

高校野球は誰のものか

この章では、伝統や形式に固執してしまう傾向が強い高校野球における「高校野球らしさ」に焦点を当て、坊主頭の強要、投手の酷使、指導者の暴力などの問題点について述べてきました。

これからの高校野球の在り方を考えていく上で、考えておくべき根源的な問いは、「高校野球は誰のものか」というものです。そして、ここまで読んでこられた読者の皆さんが察している通り、その答えは「選手のもの」です。それを実現するためには、指導者が、選手一人ひとりを大切にするという姿勢をもつ必要があります。

〝選手一人ひとりを大切にする〟ことの要は、一人ひとりに自分の頭で考えさせることだと、私は解釈しています。集団として管理しやすいという理由から、皆と同じことをさせたり、柔軟性のない一律の物差しで「そこからはみ出ている、はみ出ていない」というような判断をするのではなく、各個人の考え方や体格などの個性を尊重した指導にあたる必要があります。

つまりは、一人ひとりに違いがあることを認めた上で、大切にするということ。その〝大切にする〟とは、考える習慣をきちんと身に付けさせることが、私なりの答えです。「こちらの言うことだけを聞け」と言うつもりはまったくなく、「隣と同じことをしていればいいんだよ」ともまったく思っていません。「どうすればいいのだろう？」と、その場面ごとに考える習慣を付けさせることが、一人ひとりを大切にすることなのではないか、というのが私の考えです。

練習試合などで対戦する相手チームの中には、「本当に野球を楽しんでいるのかな？」と問いかけたくなってしまう選手たちもいます。本当は好きで野球をやってきたはずなのに、いつの間にか、野球をやらされてしまっているのです。そういうチームにはたくさんの決め事があり、選手は監督に叱られないために行動するようになってしまうのです。

こうしたチームの監督は、皆さんも想像する通り支配的です。「俺の言うことさえ聞いていれば、甲子園に行ける。だから黙って言うことを聞け！」というようなイメージでしょうか。仮にその結果として、何年かに一度というペースで甲子園に出場しているチームがあるとすれば、選手は「甲子園に行きたいから、このくらい我慢しよう」という姿勢になってしまいます。そんな思考、感情で野球をやったとしても楽しめるのでしょうか。

自身で状況を判断し、チームでの役割をまっとうしたという意味では、西岡良太という選手がいました。キャッチャーだった彼はレギュラーではなく、3年生の時点でも三番手の扱いで、公式戦に出場する可能性はほぼありませんでした。しかし彼はその境遇に腐ることなく、ブルペンキャッチャーとしての役割をまっとうしてくれたのです。

さらには練習試合や公式戦で、「今日はどんな継投のイメージですか」「もうそろそろ、次の投手を作っておきましょうか」など、こちらが伝えようと思っているタイミングで、自ら聞きに来てくれました。場合によっては、継投まで提案してくれることもあったほどです。

そのタイミングは非常に絶妙でしたし、彼のそうした姿から、ブルペンキャッチャーの仕事に誇りを持ち、極めようとしてくれていると感じました。この彼の姿勢が、チーム全体にとってとても頼りになったことは言うまでもありません。

特に2、3年生になってくると、「レギュラーになれるか否か」といった自分の力量を各個人が分かってくるものです。西岡の場合は恐らく、「試合に出るよりも、ブルペンキャッチャーとしてしっかりとやることでベンチ入りしよう」というふうに、気持ちを切り替えたのだと思います。自分の役割、あるいは自分にできること、自分の強みを深く考えた上で自覚し、そこに磨きをかけることでチーム内に居場所を作っていきました。

自分の売りは何か、また何をアピールして自分の存在感を出していくべきか。これは社会に出てからも同じで、そのためにはまず己を知らなければいけません。またそれは言われてやることではなく、まずは自分で気付いてほしいという思いがあるので、こちらから「君はもうレギュラーにはなれないから、ブルペンキャッチャーとしてやってくれ」とは決して言いません。彼はそのあたりを自ら察して、自分の役割をまっとうしてくれたという意味で、すごく印象に残っています。

この西岡のように、レギュラーに入れなかった最上級生の働きが、特に夏の最後の大会に大きく影響してきます。チーム全体で約100名の部員がいて、夏の大会でベンチ入りできるのは20名。最上級生の3年生であっても、多くて十数名しかベンチ入りできません。そして、背番号をもらえなかった3年生は、大会が始まるまでの約1カ月間、スタッフに回るという仕組みになっています。そのスタッフに回った3年生たちが、どういう顔でグラウンドに出てきてくれるかが、チームにとって非常に大きいのです。

誰もが試合に出たいですし、背番号を付けたい。しかし現実はそうならない中で、腐ることなく、いま与えられた自分の立場の中で何ができるか、チームのためにどう貢献できるかと頭を切り替えることがすごく大事です。

下級生のサポート、同級生への叱咤激励、対戦相手の偵察やデータ分析、あるいはスタンドでの応援の指揮。こうしたことが積み重なってチームは成り立ちますし、自分のやれることを見つけて誇りを持って取り組むことが、ベンチ入りできなかった最上級生の使命です。役割や居場所や出番は違っても、すべての選手がチームに貢献していると自覚できるような組織にしていくことが理想であり、それを目指しています。

とは言え高校生ですから、やはり理想通りにいかないことも少なくありません。気持ちが沈んで献身的な態度には見えなかったり、過去には練習試合のさなか部室で居眠りしていた選手までいました。このようなことが起こると、全員でミーティングをしたり、該当者を呼んで一対一で話をしたりと、その都度対応していきます。大切なのは、こうした選手をいかに軌道修正してあげるか。一度失敗したからといって辞めさせるのではなく、もう一度チャンスを与えてチームの中に戻していくことも、指導者のやるべき仕事だと考えています。

このような大所帯のチームにおいて、西岡のような存在はチームを助けますし、大いに光るのです。そんな西岡は、いまも、学生コーチとしてチームを支えてくれています。

慶應義塾高校野球部の選手たちが生き生きと野球に取り組めているかどうかは、親が子どもを客観的に見られないのと同じで、私自身では正確に判断することはできません。しかし、少なくとも周囲の方々からそう見えれば嬉しいですし、そういうチームを目指しています。その選手がレギュラーであっても、そうではなくても、一人ひとりが毎日、「今日も野球がやりたいな」と生き生きとした気持ちでグラウンドに来てくれることが理想です。なかなか簡単にはいかないところもありますが、少なくともそういうチームを目指して日々、活動しています。

大切なのは、選手たちが高校野球の現場において「俺たちが主役だ」と思えるかどうか。

選手あっての高校野球だと選手自身が思えなければならず、そのためには指導者が呪縛を解いてあげなければいけません。指導者は選手一人ひとりが輝くために、それを手助けするだけの存在に過ぎず、特別に偉いわけでもなんでもありません。指導者はそういう認識に立たなければいけませんし、選手にも、自分たちが主体的に取り組んでいるという実感を持たせてあげる。伝統やこれまでのやり方に縛られるのではなく、自分がやりたくて野球をやっているんだと選手が実感できるようにすることが、これからの高校野球を考えていく上でもっとも大切なことと言えるでしょう。

第2章

高校野球の役割を問い直す

高校野球のためではなく、社会に出てからのため

その指導は「社会での活躍」につながるか

私が指導するにあたって、もっとも心がけているのは、選手の主体性を伸ばすことです。プロとして野球を続けられる選手はごくわずかですし、仮にプロ野球選手になれても、いつかは現役を引退しなければならず、監督や評論家になれるのはほんのひと握り。つまり、野球から離れたときにきちんと勝負できる人間になっていることが大事なのです。

そのためには、高校野球を通して人間性やその人自身の価値を高めていかなければなりません。この重要な2年半、3年間を野球で勝つことだけに使っては絶対にいけない。野球にしか通じない指導は、「俺の言う通りにやれ」という方法が大半でしょうから、それはやはり指導者のエゴです。こうした指導法は2、3年で結果を出すには近道かもしれませんが、選手の将来を見据えた場合、人生のプラスにはならない可能性がかなり高いと思います。そう考えると、野球だけに特化した指導法は、指導者としても幸せではないのかもしれません。

社会で活躍できる人の共通点として挙げられるのは、自分を客観視できること。自分なりのアイデアを持ち、自分自身の強みを知っていて、それを伸ばす努力ができる人は、社

会に出てどんな仕事に就こうとも通用します。

さらに付け加えれば、自分で自分の幸せを理解していることも大事です。これからの社会は多様性が重視され、人それぞれ追求する幸せが違う時代になっていきます。お金、家庭、仕事のやりがい……。多様な価値観の中で、何が自分を幸福にさせるかを分かっていないと、本当の幸せはつかめません。つまり、集団の中にいて満足していると、皆と一緒にいることで生まれる相対的な価値観ばかりを重視するようになり、ふと一人になったときに、本当の幸せが分からなくなってしまうのです。大学受験や就職活動、人生の転機となる場面で、それはより顕著に表れます。

そういう大人にならないように、高校生の段階から、人生における自分なりの物差しを持つ準備をさせないといけません。それはつまり、考える力が自然と身に付くことや、人生の選択肢が増えることにつながります。あえて大胆な言い方をさせてもらえば、勉強もその一つです。勉強することが将来の可能性を広げ、選択肢を増やしてくれます。もちろん勉強を始めるのは何歳からでも遅くありませんが、例えば30歳になってから一念発起して医学部に行くという人は非常に稀です。現実がそうであるなら、やはり高校生までに一定の勉強をして、論理性を高めたり、思考回路を柔軟にしたり、考え方を増やすことは非常に大切です。それが将来の可能性を広げ、選択肢を増やしてくれるのですから。

高校野球において、勝利のために練習に時間を割くことは当然、必要です。しかし、本当にやりたいことが見えてくるのは大学生になってからという人が多いので、そのときに手遅れではない程度の勉強はしておかなければいけませんし、最低限、そのための努力は惜しまずにしておくべきです。

私自身も、大学卒業後は3年間NTTに勤め、法人営業を担当し、会社員を経験しています。野球からは大きく離れてしまった時期ですが、いま思い返せば、現在の高校野球の監督業につながる貴重な経験をさせてもらったと思います。

特に感じるのは一人の無力さ、そしてチームで協力し、調和を取りながら物事を進めていくことの大切さです。外に出てお客さんと接することの多い部署だったのですが、仕事をスムーズに進めるためには、他部署の人たちと連携を取り、社内に数多くいる専門家からアドバイスをもらう必要があります。その上で現場に同行してもらったり、あるいは工事を行う場合には、技術者など専門部署の協力を仰がなければなりません。この経験を通して、自分一人でできることは限られていると痛切に感じましたし、これはどんなチームや組織でも同じだと思います。

現在担っている監督業に置き換えても、細かいところまですべて一人でコーチングできるわけではありません。部長や副部長、学生コーチと連携して初めて、チームはうまく回っていく。組織全体で一つのことを成し遂げていくという感覚がなければ、どんな仕事であってもスムーズには進行していかないはずです。

また、その上で個人個人が役割を果たすことも大切です。ＮＴＴの仕事で言えば、営業の窓口になっている私が誠実な態度でお客さんに接していなければ、信頼を失い、会社の看板に泥を塗ることになってしまいます。慶應義塾高校野球部に置き換えても、選手一人ひとりがその責任を感じなければいけません。例えば、行き帰りの電車の中での態度などを周囲の人々はよく見ています。もし気が緩み、迷惑をかける行為や不快にさせる態度を取ってしまえば、それがその部員一人のことであっても、組織全体の評価が下がるということです。その自覚を強める意味でも、このことは頻繁に選手に伝えるようにしています。

選手を大人として扱う

監督と選手の間に上下関係はありません。監督は最終決定をする責任者という立場ではありますが、私は選手に対して一緒にチームを作っていく仲間や同志であるという意識を強く持っていて、いざというときに本音で話せるように普段からきちんとコミュニケーションを図るようにしています。たまたま私のほうが早く生まれただけであって、いま一生懸命頑張っているのは選手であり、私自身が偉いわけでもなんでもありません。私の指示通りにやれば甲子園で優勝できるとはまったく思いませんし、むしろ選手には「甲子園に連れていってくれ」といつも言っています。そのために私も努力しますし、選手もそれぞれの立場で努力し、チームに対して献身的でなければいけません。一人ひとりが役割の中で活躍を果たし、チームを良い方向へと導いていく。そのことを私は大切にしています。

すると、当たり前ですが、選手に対して一人の人間として接することができるようになります。高校生は大人に十分に近い部分がたくさんあるので、一人ひとりが意見や考えを持てるようにするためには、選手をきちんと尊重して、意見や考えを口にできる環境を作っていかなければいけません。

そのために普段から意識して行っていることが、選手への〝問いかけ〟です。「どう思っている？」「どうしたいの？」「なぜ、いまはそのプレーを選択したの？」など、プレーの結果を褒めたり、叱ったりするのではなく、意図を聞きます。「それはダメだ！」や「これはこうしろ！」と言っても、選手の心には本当の意味では響きません。結局のところ、自分自身で気付くのがもっとも大切です。そのためにはやはり本人がプレーに対して意図を持っていなければいけませんし、聞かれたときには答えられるように、普段からしっかりと考えていなければいけません。普段の思考とプレーの意図は直結しますから、

〝問いかけ〟は指導者として必須の行動です。

これとは逆に、選手のミスに対して、「バカ野郎！　そうじゃねえんだよ！」と指導者が叱責すれば、選手は「はい！」と答えるでしょうが、失敗の原因を自分の頭で考えず、理解しないままなので、恐らくまた同じ失敗を犯します。

考える。意見をもつ。理解する。スポーツはこうした作業を頭の中で繰り返していくことが、本来あるべき姿です。スポーツは、体を動かすとともに大変高度な知的作業でもあるのです。

「いまのは振り遅れた。次のストライクに備えて、バットを短く持とう」「もう少し打席の後ろに立とうかな」「いや、少しだけポイントを前に設定して振ってみようかな」

野球は一球と一球の間に約15秒の〝間〟がある競技ですから、その〝間〟を使って、このようにしっかりと考えなければいけません。９回まで想定すれば両チーム合計で３００球近くになりますから、頭を働かせたか否かの違いは当然、大きなものになります。

投手はボールを持って主体的にやることができますが、それ以外の野手や打者は基本的に受け身のため、ほとんどが待っている時間、考える時間です。その時間をどう生かすかということが勝負。技術や体力に圧倒的な差があれば話は別ですが、力が拮抗している場合は、冷静に頭を働かせているほうに天秤が傾くのは当然です。このことは常に、選手に伝え続けています。

選手を大人扱いしているからこそ、こちらが驚くような提案をしてきてくれることもあります。２０１９年度に卒業した吉田豊博は、手術を余儀なくされるほどの故障を肘に抱えて、最後のシーズンはプレーを断念したにもかかわらず、野球やチームへの気持ちを途切らせることなく、ある方法でチームに貢献しようとしました。

その方法とは、さまざまなデータをより細かく分析していくセイバーメトリクスです。

彼が2年生の冬、Ａ４用紙20枚ほどのレポートを持って、私のところにやって来ました。聞けば、夏から秋にかけてのすべての練習試合のスコアブックなどを見直して集計し、打率や防御率といった一般的な数値ではなく、セイバーメトリクスのＯＰＳ（打撃での貢献度）などの非常に細かい指標をすべて算出してきたというのです。こちらが頼んだわけではなく、それにもかかわらず感動するほど精密なもので、大変に驚きました。数値や成績ばかりでなく、理想の打順や、投手のタイプ別診断といったところまで内容は多岐にわたり、大学生でも簡単には作れないようなレベルのものでした。

理由を聞けば、もともと野球を分析的に見たり、数字で考えるのが好きなタイプで、それを自分が所属するチームで試してみたかったそうです。またプレーで貢献できない分、こうした分析的な視点でチームを見ることで貢献しようと考えたようでした。

実際、春先には彼と相談しながら、さまざまな打順や継投を試してみました。結果としては日本一という目標には結びつきませんでしたが、吉田の主体性、行動力にはチーム全員が本当に勇気付けられました。

主体性を伸ばすチーム作り

野球は毎球がセットプレーで、サッカーやラグビーのように流れの中で行われていないので、ベンチからサインを出したほうが有効なスポーツと言えます。ただし、問題は、そのサインに対する選手の受け取り方。例えば盗塁のサインが出された場合、「分かりました。そういう指示なら走ります」と思うだけの選手と、「そうですよね。そろそろ盗塁のサインが出ると思っていました」と先読みをして納得する選手では、後者のほうが、頭が働いていることは明白です。このような無言の会話が常に行われるチームが理想の一つと言えます。

そして、究極はノーサイン。ただ、これは本当に難しいのが実情です。スクイズやヒットエンドランなど、打者と走者を連動させる作戦などはなかなかできなくなるため、実現は困難を極めます。実は以前、ノーサインを試した時期がありましたが、選手サイドから

「公式戦でやれる自信はない」という意見が出たことに加え、最後は監督である私が責任を取るという意味でも、2カ月ほどで取りやめました。

頓挫はしましたが、これは継続的なテーマであり、本来は監督が逐一サインを出さなくても、また究極的には監督がベンチにいなくても勝てるチームが理想の姿だと考えています。他の競技と比較して、野球は1球ごとにプレーが止まるため、ベンチの意図を介入させやすい点が大きな特徴です。だからこそ監督の色がチームに出やすく、采配が過剰にメディアに取り上げられたり、ファンも「ここはバントだろう」といったように理解や解説をしやすいのだと思います。前述の〝選手を大人扱いする〟ということにもつながりますが、困難であるからこそ、今後も追求していきたいテーマです。

高校野球の常識ではなく社会の常識を伝える

私は、ここまで記して来たことはすべて、選手が大人になり社会に出ていくための準備という視点で捉えています。結局、大人になると求められることが増えるため、高校生の段階でも求められることに慣れてほしいという思いから、「世の中に出てから役に立つこと、世の中で求められるようなことは、いまのうちから求められてもおかしくないんじゃないの？　時期としては少し早いかもしれないけど、こちらが求めることはたくさんあるよ」という伝え方をしています。

逆に、野球界や、高校野球の常識でしか通用しないことは、教え込むつもりはありません。「ちわ！」「した！」など高校野球の世界で頻繁に使われる挨拶も禁止にしています。世の中に出ればこのような日本語は使いませんから、正しく「こんにちは」「ありがとうございました」「失礼します」と言うのが当然で、それは髪型や身だしなみも同じです。

やはり、野球だけをやらせておけばよいという考え方は、根本的に間違っています。高校卒業後に野球から離れる選手も少なくないため、18歳までに身に付けられるものは正しく伝える。これまでよりも厳しく、守られない世界へと足を踏み入れ、自らの力で道を切り拓いていかなければいけないのですから、その準備を可能な限りしてあげることも指導者の役割だと思います。

「自ら考える力」を育む

〝やらされる野球〟から〝好きだからやる野球〟へ

慶應義塾高校野球部では、自ら考える選手の育成、自ら考えるチーム作りをモットーに、日々の活動に取り組んでいます。ここまで何度か言及してきたように、旧来の高校野球の在り方とは一線を画した方法かもしれません。

ここで話を進めるにあたって、前提としておかなければならないことを記しておきます。それは、この方法はあくまで選択肢の一つに過ぎないということ。その学校の指導者の哲学やチーム事情などを鑑みて、ケースバイケースで適した方法を選ぶことが大切であるのは間違いありません。慶應義塾高校野球部の理想は、高校野球全体の理想ではなく、あくまで慶應義塾高校野球部のものであり、それが高校野球における選択肢の一つとなればよい、という思いです。「そういう視点もあったのか」という気づきを与えられる存在になれれば幸いで、「すべてのチームが慶應のようになるべきだ」などとは、まったく考えていません。

しかし前述したように、高校野球は許される範囲が大変に狭く、その範囲に収まらない取り組みは批判されたり、異端扱いされたりする風潮は確実にあります。そこは絶対に変えていくべきで、そのための努力を惜しむつもりはありません。

自ら考えて工夫することの利点は、考えているうちに野球が自然と楽しくなっていくことにあるのではないでしょうか。例えるなら、受験勉強と、夏休みの自由研究の違いと言えるかもしれません。自由研究は自分の好み・興味からテーマを決めて探究するものなので、どんどんのめり込めて、身に付くものや得られるものが多いのが特徴です。

一方の受験勉強は、「やらされている」「やらなければならない」という側面が強くあります。それでも身に付くものもあるため、そのすべてを否定はできませんが、これからの高校野球は〝自由研究型〟にあたる、自ら進んで楽しみながら取り組む姿勢がもっと認められるべきだと考えます。これはクラブ活動そのものがもつ本来の意義であり、楽しいからこそ工夫し、努力を重ねられる。その結果、プレーのレベルが上がり、チームも強くなれば、さらに前向きに取り組めるという好循環で物事が回っていきます。

〝やらされる練習〟の場合は、こうはいきません。仮にできることが増えたとしても、それは自主的にできるようになったわけではなく、やらされているうちになんとなく身に付いたもののため、いいサイクルにはなかなか入りづらい。目の前に〝甲子園〟という分かりやすい目標があるために頑張れているだけで、野球をそれほど楽しいと感じていない選手が、一定の割合でいるような気がしてなりません。そして、この〝やらされている〟感覚は、高校の他の競技と比較しても、野球にはより強くあるように感じます。そうなると、野球は他者から魅力的な競技に見えづらく、子どもたちの野球離れはますます加速してしまうのではないでしょうか。

だからこそ慶應義塾高校野球部は、〝好きだからやっている〟〝だからこそ努力できる〟〝だから苦しいことも頑張れる〟という基本姿勢でいたいですし、こうした考え方を提示していくことが部の役割ではないかとも思っています。

また、その姿勢は、慶應義塾高校野球部のテーマである「エンジョイ・ベースボール」につながってきます。これはただ楽しく野球をしようということではなく、より高いレベルの野球を楽しもうという意味です。その高いレベルに到達するためには、自ら進んで取り組むという意識がすごく大事で、そちらのほうが最終的には高いところに行けるのではないでしょうか。

例えば登山において、「そのほうが早く上へ行ける」と言われ、リフトやゴンドラなどに乗って頂上にたどり着いても達成感は大きくありません。自分の足で一歩一歩進んで登った人と、ゴンドラやリフトに乗った人では、自分の中での成長、達成感が違うはずです。

自分の足で歩めばつらさや挫折、あきらめの気持ちが湧くこともあるかもしれません。それでも私は選手たちに次のように言い続けたいと思います。

「時間はかかるかもしれないけど、自分の足で山を登りなさい。そして、もっと高い山に登れば、もっと良い景色が見られる。だからこそ、高い山に自分の足で登ろうよ」

ゴンドラに乗せられる、つまり、監督の言うことだけを聞いていては見られない景色が、そこには絶対にあるはずです。

個人とチームのバランス

選手たちが野球を楽しみながら取り組めるようにするために、監督、指導者がするべきことは、「選手が何を目指しているのか。その目標に向かってどれほど進歩しているのか」をじっくりと観察することです。選手はそれぞれ、「こういうふうに打ちたい」「こういうふうに投げたい」など、独自に考えるものです。そうであるにもかかわらず、指導者が余計な指示を与えたり、余計な指導を施してしまうと、選手は主体性を失ってしまいます。

仮にうまくいったとしても、それは決して自分でつかんだものではなく、さらに悪い結果が出た場合には「監督がそう言ったから」という言い訳を口にし、責任転嫁を始めがちです。

そうではなく、結果やプレーの責任を自ら取るためにも、自分が理想とする打ち方や投げ方を追求していくべきだと思います。指導者は観察を続けることでその手助けをできたとしても、個人の考えを無視して、型にはめ込んではいけません。

感覚としてもっているのは、選手一人ひとりが正しい方向に努力できるように、ドローンの視点で斜め後ろあたりから見続けてあげること。選手個人もチーム全体も、努力の方向性が間違っていないかどうか見守ってあげる。それが間違っていた場合、無駄な努力になってしまいますから、正しい方向に導いてあげるのが指導者の仕事だと言えます。

例えば、チーム全体でバッティングの方向性を定めたとして、ある一人の選手が極端なホームラン狙いの打ち方をしていたとしましょう。もちろん全員が全員、同じ打ち方をする必要はありませんし、ある程度の許容の幅はありますが、あまりに極端な場合、それはただの個人競技になってしまいます。〝チームのため〟という前提に立てば、一定の幅の中に収めていくのは大事なことです。

そのさじ加減は非常に難しく、狭くし過ぎてしまうと選手は窮屈に感じ、指導者が理想とする型にはめるだけになってしまいます。逆に広げ過ぎると、何でもありになって統制が取れません。その幅をどこまで許容するかという点に、指導者としての手腕が求められるのではないでしょうか。

また選手にとっても、その幅や許容範囲を学ぶことは、大人になるために必要な階段の一歩だと思います。「このぐらいはいいのだろうか」という感覚で選手自身が探っていき、許容される範囲を身をもって知る。これはのちの社会的な常識にもつながり、失敗しながらも経験していくことは高校生の特権でもあると思います。

もちろん選手個々が、それぞれの目指すべきスタイルを追求していくことが大前提です。ただし、野球はあくまでも団体競技であり、チームとして勝利を目指すものですから、選手も、個人とチームのバランスをいかに取っていくのかを考えるべきなのです。

「任せて、信じ、待ち、許す」

私は選手に対して、「任せて、信じ、待ち、許す」という態度を指導における信条としています。現状、どれほどできているかは自分自身でも自信が持てないときもありますが、高校生はあくまで大人への階段を上っている途中の若者であって、成長はするけれども完成品にはならないという考え方に基づいています。

「任せる」とは、高校生だからといって子ども扱いせず、彼らの成長のために責任を持たせるということ。選手は任されるからこそ自分で責任を持とうとしますし、やりがいも大きくなってきます。

「信じる」も「任せる」に近く、高校年代の選手は体も心も自然と成長していくので、それに対する信頼感をもつということです。この信頼感をもてない指導者は、すべてにおいて指図をしたり管理しがちになります。しかし前述したように、高校生はこちらが放っておいても自然と成長するものですから、それを信じてあげることが何よりも大切です。

「待つ」に関しては一番難しいかもしれません。いくら任せて信じても時間はかかりますし、できたはずのことがまたできなくなったり、簡単なミスが頻発するなどの試行錯誤は、成長過程において避けられないものです。つまり高校生の成長とは、指導者側が思っているほど順調でも早いものでもありません。

高校野球は2年半の期間しかありませんから、「どうしても早く育てたい」という思いにかられ、「任せず、信じず、待たず、許さず」の指導になりがちです。そして、そのほうが甲子園レベルに持っていくには近道の可能性も高く、だからこそ難しいのです。

ただし、目先の勝利と一人ひとりの何十年後の成長のバランスを考えると、目先の勝利だけにとらわれるのは選手のためにはならないでしょう。型にはめ込んで言うことだけを聞かせ、分刻みのスケジュールですべてを管理するのは、選手を将来的に大きく伸ばすという意味では間違っているのではないか、というのが私の考えです。もちろん、さまざまな考え方があって当然ですが、私自身は選手を信頼した上で勝ちたいと思っています。最後の「許す」ですが、あくまでも高校生ですからミスもしますし、こちらが理解できないようなことをしでかすケースもあります。それでも、「そうだよね。高校生だからね」という態度でこちらがゆとりを持っていなければいけません。基本的には選手を大人扱いしますが、大人でさえたくさんの間違いを犯しますし、最終的に許すという気構えがなければ、選手も積極的にはプレーできないはずです。

野球は優秀な打者でも約7割が凡退で、投手も100球のうち自分が思ったところに投げられるのは半分以下。要するに、野球はミスが連続するスポーツです。ましてや未熟な高校生がその難しいスポーツをしているのですから、そんなにうまくいくわけがないという前提のもとで、最終的には許すほかないのです。

野球はルールに則って勝敗を競い合うスポーツですから、勝利を目指すことは大前提です。その上で選手一人ひとりを野球でも、人間としてもいかに成長させていくか。勝利と育成。その究極の両立を実現させることが、指導者としての目標、原点であり、私自身も含めて多くの方が悩まれていることだと思います。

実際、選手が想定通りに伸びないケースも少なくありません。そういうときこそ指導者の出番で、助け舟を出してあげる必要があります。いつもとは少し違う練習の仕方や異なった方向性を提案してあげたり、環境を変えて違うポジションに取り組ませるなど、いろいろな方法がありますが、そのための引き出しは多く持っていなければいけないと思います。

また、中学のときに体が大きく成長して、中学3年生くらいで〝怪物〟と呼ばれる選手も稀にいます。しかし、こうした選手の場合、体の成長が周囲よりも少し早いだけで、高校2年生や3年生の段階では、多くの選手と変わらない程度の実力に収まるパターンも多々あります。選手にはそれぞれ成長度合いや速度に差があるため、そこは指導者がきちんと見極めてあげなければ焦燥感ばかりを生み出し、野球をつまらなく感じさせてしまうこともあるので注意が必要です。繰り返しになりますが、皆一様に伸びていくわけではないので、そのあたりのフォローはしてあげなければいけないでしょう。

いずれにせよ、よき指導者でいるためには、いろいろな視点を心の中に持っていることが重要です。「子どもはかわいい」という保護者の視点、「まだまだ子どもだから」という祖父母の視点、監督として冷静に判断する視点など、あらゆる見方ができるようになることが理想でしょう。

逆に一面的な見方しかできない場合、「こいつはとんでもないやつだ」「こいつはサボるやつだ」など、先入観にとらわれて選手を評価してしまうようになり、お互いに損な関係になってしまいます。指導者に物事を多角的に見る力さえあれば、一面的にはダメに見える選手にも、良いところが見えてくるようになるのです。選手のいろいろな面に光を当て、さまざまな角度から見てあげられる指導者がいい指導者だと思いますし、私自身、そうなるために努力を続けています。

選手の主体性でつかんだ勝利

実際のゲームにおいて選手が主体性を持って取り組んでくれたことで、良い結果に結びついたのは、２０１８年夏の甲子園の初戦である中越高校との一戦が挙げられるでしょう。

ひとつは、2対1とリードしていた7回表に同点にされた場面。なんでもないシングルヒットをレフトの選手がトンネルしてしまい、その結果、ランニングホームランとなって2対2に追いつかれてしまいました。

勝利が近づいていた矢先に、考えづらいミスで同点にされるという、衝撃的な展開。その年の春の選抜は初戦で敗退し、この夏の甲子園では絶対にその壁を乗り越えるという気持ちで臨んでいただけに、選手は落ち込んだり、パニックになっていたりするのかと思いきや、様子はまったく違っていました。ベンチに帰ってくる選手やそれを迎える控え選手

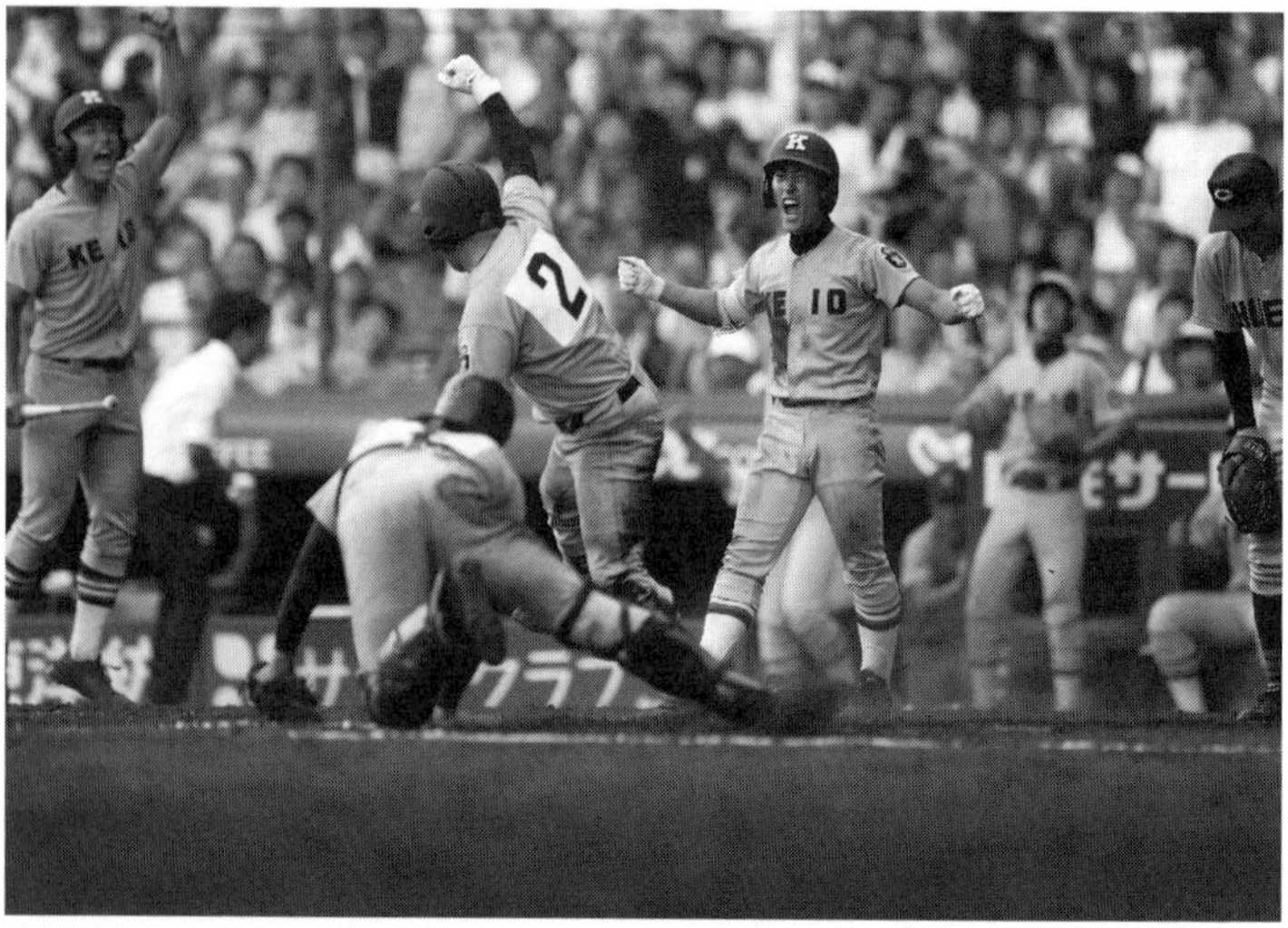

宮尾のサヨナラヒットで善波がホームイン（2018夏の甲子園中越戦）写真：日刊スポーツ／アフロ

たちの表情や様子が実に落ち着き払っていたのです。

ベンチに戻ってくる選手たちは「まだ同点、これからでしょ！」といった感じで、控えの選手たちも「まだ同点だからOK。よくあることだし、想定内」というような声をかけながら集まってきました。さぞ落ち込んでいるだろうから、私としても何か盛り上げるようなことを言わなければいけないと覚悟していたのですが、選手たちのこうした表情や様子を見たときに、あまり余計なことを言う必要がないと分かりました。そのため、「7回で同点だから、ここからが勝負だね」というような話だけをして次の攻撃に移ることができました。

特にベンチにいる選手たちが、「ここで落ちてはいけない、俺たちが支えなければいけない」と、良い雰囲気を作ってくれたことが大きかったです。特に私が何を言ったわけではないのですが、彼ら自身が「自分たちの仕事はここでムードを盛り上げることだ」というふうに意識してくれたのだと思います。

この中越戦では、他にも印象に残るシーンがありました。

2対2に追いつかれたあとの8回表、再び中越に1アウト1、3塁というチャンスを作られました。このとき打席に立っていたのが左打者で、その初球にセーフティスクイズを狙ってきました。3塁走者はボールが転がったのを見てからスタートを切るサインだったのですが、中越がそのサインをよく使うことや、1塁側に強いバントをしようとしてくることは事前の分析で分かっていました。

マウンドに立っていた左投手の生井惇己《じゅんき》に対し、キャッチャーの善波力《よしなみつとむ》は左打者から見て外に逃げる、ボールになるスライダーを要求。打者はそのスライダーをバントしに行ったのですが、外に逃げるボールにバットを合わせられず、空振りをしてしまいました。さらに3塁走者が前のめりになってベースから少し離れていたのを善波が見逃さず、そのまま3塁に投げてアウトにし、ピンチを脱したのです。

この一連のプレーは、こちらが指示したわけではなく、善波が「この場面は、1塁側に強いボールを転がすパターンのセーフティスクイズがあるだろう」と予測し、左打者が1塁側にバントしづらいボールを要求したことで生まれました。危うく勝ち越されるピンチの場面でしたが、自分できちんと頭を働かせて、相手の作戦や投手の持ち球を考えながら配球したことにとても大きな意味があると思います。

善波はもともと、投手の調子や、相手打者と投手の相性などを感じ取る力を持っている選手でした。彼はそういう能力にとても長けていたので、1年の秋にレギュラーになってから引退するまでの2年間、こちらから配球のサインを出したことは一度もありません。そういう意味では、配球を自分で決めることの楽しさや難しさを常に感じていたと思いますが、自分の頭を使って決断する経験を数多く積んでいったことで、その一端がプレーに表れたのだと思います。

このシーンにはまだ続きがあります。スクイズを外して3塁ランナーを刺したことで1アウト1、3塁のピンチが、2アウト1塁になりました。スクイズ外しが初球だったため、まだ先ほどの左打者は打席に残っていますが、一般的に言えば、ピンチを脱した場面です。しかし先発として、ここまで8回を投げてきた生井に疲れが見え始め、シングルヒットを打たれた結果、2アウト1、2塁と再びピンチを迎えました。さらに続く打者は、前打席でランニングホームランを記録した選手。チーム内も嫌な雰囲気になり始めたと感じ、私は投手を同じくサウスポーの渡部淳一《わたなべじゅんいち》に代えました。

そして、この渡部が後続と次の9回を抑え、9回裏のサヨナラ勝ちのお膳立てをしてくれたのです。

この渡部という投手は、県大会の時点から常に苦しい場面でマウンドに立ってきた選手です。準決勝の東海大相模戦では、9回に生井が指をつったために交代。桐光学園との決勝でも、7対1と大量リードしていた8回に生井がつかまり、7対5と2点差に追い上げられた時点で登板。そのいずれにおいても好投を見せ、チームを勝利へと導いてきました。

県大会に入る段階で、私が彼に伝えていたのは、「申し訳ないけれど、厳しい場面でお願いするからね」ということだけ。登板の必要がなければ問題ありませんが、恐らく力を借りないといけないときが来るから、その覚悟だけはしておいてほしいという抽象的な話しかしていませんでした。

こうした状況もあって、彼は「どこかで出番が来る」という心構えをしながら、常にいつ出番が来てもいいように準備をしていてくれました。「え⁉　この場面で行くの？　嫌だな……」と思っていたら、恐らく良い結果は出なかったでしょう。しかし自分の役割を認識し、心も体も準備を怠らなかったことが好結果に結びついたのです。

高校野球はプロ野球と違って、控え投手が何人も用意できるわけではありませんし、ブルペンコーチに電話でつないで、細かな指示を出すということもできません。そんな難しい任務にもかかわらず、万全の準備をしてくれたというのは本当に素晴らしいことです。外からは見えづらい部分かもしれませんが、彼の準備は、「このあたりが出番だろう」ということをかぎ分ける力を主体的に磨いてくれたことにあります。そして、そのタイミングに合わせて、いつでも完璧な準備をしてくれた彼を本当に尊敬します。

「スポーツマンシップ」を育む

尊重、勇気、覚悟

高校野球において、選手のみならず指導者も含めて、一番の土台に据えなければならないのが、〝スポーツマンシップ〟です。

それでは、スポーツマンシップの意味とは一体、何でしょうか。

多くの人が言葉としては聞いたことがあり、どことなく分かっていたとしても、厳密に答えられる人はそう多くはないと思います。

スポーツマンシップとは尊重、勇気、覚悟の3つの要素で構成されています。〝尊重〟とは仲間、対戦相手、審判、ルールを尊重すること。〝勇気〟とは失敗を恐れずに挑戦すること。〝覚悟〟とは最後まで全力を尽くしてどんな結果も受け入れること。これらを複合してスポーツマンシップと呼びます。

非常に素晴らしい考え方であり、これは私の中学の同級生で、日本スポーツマンシップ協会の代表理事を務める中村聡宏《あきひろ》氏から教わりました。彼は大学の教員として日々スポーツマンシップについて研究しており、彼と深く話し合っていく中で、この本来の意味のスポーツマンシップを心の土台に据えるのが、チーム作りの基盤になると考えるようになりました。

　またスポーツマンシップとは、スポーツをしている人だけでなく、現代を生きる人々の人間力の土台というようなイメージでも捉えています。これは中村氏から教わったことですが、たとえスポーツをしていなくてもスポーツマンは褒め言葉になるそうで、「彼はスポーツマンだ」を英語に訳すと、「いいやつだ」という意味をもつようです。つまりスポーツに限らず、人間として素晴らしいことの表現としてスポーツマンと呼ぶということです。そして、そういう人が身に付けている心構えがスポーツマンシップにあたります。この中村氏のスポーツマンシップ論は、『スポーツマンシップバイブル』という書籍にもまとめられています。

　こうした真のスポーツマンシップを自分のものにしていくことが、高校の部活動の一つの目標であり、選手をそういう人間に育てていくことが指導者の使命だと考えています。私であれば、高校野球というツールを使いながら、そういう心を持った人間を育てて世の中に送り出していく。土台はそのスポーツマンシップを育てることであり、その上に野球の技術や戦術、戦略などが乗ってくるというイメージです。

　もちろん、野球の技術や戦術、体力などに優れていれば選手としては素晴らしいですし、戦力としても大きなプラスになりますが、土台となる心にスポーツマンシップが身に付いているかどうかがすごく大事です。そして、そういう選手を育てることが、私に課せられた使命の一つです。

ルールの抜け道を探すような指導の罪深さ

前述のスポーツマンシップに関して、それに付随する形で、甲子園でも時々起きるサイン盗み問題について考えていきます。

そもそも高校でスポーツをやることの価値や意味は、スポーツマンシップを身につけ、より良い人間を育てたり、人間力を高めることにあります。そして、相手とルールを尊重して正々堂々と勝負するのがスポーツの面白さです。そう考えれば、サインを盗む努力をするよりも、どんな球が来ても打ち返す努力をしたほうが絶対にいいという答えが出るはずです。しかし、残念ながら、高校野球におけるサイン盗みはかなり横行しています。盗まれることが前提となるため、サインはますます複雑になり、試合時間の延長やサインミスなどが起こるという本末転倒な結果になってしまっているのです。

「見えるものは見る」と言う人がいますが、それは違います。もちろん多くのチームは対策をしているため、世間で言われているほど、サイン盗みは簡単ではありません。例えば内角球を投げさせる場合に、最初、キャッチャーは外角に構えておいて、投手が動き出してから内角に構えるなどといった対策を多くのチームがとっています。

スポーツマンシップに即して考えれば、前述の行為自体がそもそも無駄です。スポーツマンシップを育てるのがスポーツであり、高校生がスポーツを行う意味だという前提であれば、どうすればよいかはおのずと分かるはずで、いかにフェアに戦うかをもっと重視すべきです。

サイン盗みは高校野球において禁止されていますが、罰則規定はありません。そのため審判が紛らわしい行為を発見したとしても、注意を受けるだけで終わりです。当たり前の話ですが、罰則を受けないからといって、サイン盗みをしてもかまわないということではありません。これまでバレていなかったり、いまでもバレないままやろうとしているチームはあるかもしれませんが、高校生のときにそんなことをやってきたという思いを持ったまま、大人にしてもいいのでしょうか。卑怯な手を使って勝つ確率を高めようとするのは、その後の人生の考え方に大きな影響を及ぼすはずです。「結局バレなければいい」「うまくやったもの勝ち」という人間を育てることになりかねません。こうした経験を高校生にさせるのは罪深いことだと思います。

サイン盗みに限らず、こうした問題が起こったタイミングは、指導者の出番であると考えます。チーム内で、指導者と選手が話し合う機会にしなければいけません。スポーツマンシップは確かに素晴らしい概念、考え方ですが、抽象的な面も強く、言葉だけでは選手の中に入りづらいという側面があります。だからこそ、サイン盗みのような具体例は、概念や抽象的な考え方を自分自身に落とし込むために、非常に効果を発揮します。

「サイン盗みについて、どう思う？」

「今日の練習試合で相手がこういうことをしてきたけど、それ、どう思う？」

どんな問題にせよ、このように選手に「どう思う？」と投げかけ、自分の頭で考えさせます。そのテーマについて指導者と選手がきちんと話し合う時間を作ることが大事なのです。

例えば球数制限をテーマにした際は、「賛成です」という意見が意外なほど多くの選手から出ました。私は「投手であれば最後まで投げたい」という意見が多数を占めると思っていたので、意外な印象を受けたことをいまでも覚えています。もちろん、いろいろな意見があって当然で、それは世の中も同じです。皆が皆、同じ意見になることはまずありません。

その上で、ことあるごとに、こちらの考えや願望のようなものを伝えていく。そうした努力を指導者は続けていくべきです。一度言ったからといって身に付くものではありませんから、何度も繰り返しやっていくことが大切なのではないでしょうか。

先に記したように、スポーツマンシップを身に付けることは簡単ではありません。本当に究極の理想であり、そこに向けて何か努力をしたり、皆で議論することが大事なのです。チーム全員が完璧にそうなれるかどうかは分かりませんが、そこを目指さなければ何も始まりません。チームの目標も同じです。日本一を目指していく過程でいろいろなものが身に付き、たくさんの試行錯誤を繰り返す。ただし本気で日本一を目指さない限りは、経験の蓄積も物事の定着もあり得ません。少しでも近づこうとする姿勢が、本質を捉えるための第一歩となるのです。

その上で、「勝ち（勝利）にも価値（勝ち方）にもこだわる」ことが重要だと考えます。スポーツマンシップと勝利を両立するために、手段を選ばずに勝利を目指すのではなく、勝つための手段を選ぶ。汚い手段を使ってまで勝とうとしてはいけません。きれい事や理想に聞こえるかもしれませんが、それを目指さない限り、選手たちは本当の意味で野球を面白く感じられないと思います。そうなれば選手は自然と、「どうすれば正々堂々と戦って勝てるのか」を考え始めるはずです。

選手は自ら育つという信念

選手の成長を邪魔しない

指導者が選手に、練習を強制することの弊害は、この章の冒頭で説明しましたが、その点についてさらに言及していきましょう。指導者はよかれと思ってアドバイスを送ったり、自身の価値観を伝えたりしますが、実はそれ自体が選手の成長を阻害し、本来は100から150まで伸びるはずだった選手が、125止まりで終わってしまうことがよくあると思います。実際に成長はしていますが、持っているポテンシャルを最大まで引き上げられず、指導がそれを邪魔してしまう。過剰な指導にはこうした怖さがあることを指導者は自覚しなければいけません。

「自分が指導すれば良くなる」「選手たちのためだ」という思いは、もしかしたら幻想かもしれません。教え過ぎたことで本来、選手が気付くべき部分を奪ってしまい、もっと大きく伸びるべき選手が小さくまとまってしまったという可能性は大いにあると思います。

結局は、その選手が野球人や人間としてどう成長していくか、高校を卒業したあとのことまでイメージできているかどうかにかかっています。そのイメージがしっかりとできていれば、いずれは200や300の力をもつ選手に育つ可能性は相当に高まるのではないでしょうか。

これは野球に限らず、すべての大人に当てはまります。少し時間がかかったとしても、大人が我慢して、子どもの失敗を許容できるか。いまは目先の数字、成果や結果ばかりが求められる時代だからこそ、この姿勢は意味を持ちます。世の中の出来事は、数字で測れることばかりではありません。大人の仕事にしても、数字を残す人以上に、地道に信頼関係を作ったり、多くの人が嫌がるようなことをできる人が本当は評価されるべきです。こうした意識、姿勢を持って、どれだけ我慢して選手と向き合えるか。そこが指導者として試される部分ではないでしょうか。


本書の冒頭でも述べましたが、私は慶應義塾高校野球部の監督の傍ら、慶應義塾幼稚舎の教員をしています。つまり高校野球部の指導者と、小学校のクラス担任を兼任しているということです。

小学生に接するときと、高校生の野球指導にあたっているときでも、接し方の根っこの部分は一貫しています。慶應義塾全体で目指す人物育成の大きなテーマとなっているのが「独立自尊」。簡単に言えば、個人個人が自分で判断して、考えて、行動するということです。高校生への野球指導で根幹になっているのと同じように、小学生であってもその年齢なりに考えて行動してほしいと思っています。

〝親が言ったから〟〝友達がそうしているから〟。小学生はこうしたエクスキューズを盾にして自分自身で思考することを放棄しがちですが、それではいけません。課題にぶつかったときには一度立ち止まり、自分なりに考えて答えを出す。その結論が安易であったり、考えが足りないということは小学生である以上避けられませんが、それは大きな問題ではありません。もしうまくいかないのであれば、その都度修正していけばよいのです。親や友達や教員など誰かのせいにすることなく、自分なりでよいので自らが知恵を絞って考えてほしい。これがもっとも伝えたいことです。

こうした哲学は慶應義塾全体で脈々と受け継がれてきたものであり、私もその流れをくみ取った上で、小学生と高校生の指導にあたっています。私が伝えたいと思っていることは結局のところ、小学生であっても高校生であっても同じなのです。

小学校の教員と高校野球の監督。この二足の草鞋は時間的また体力的な面で言うと、正直、つらく感じる部分もあります。例えば小学校ではなく、高校の教員として勤めていれば、練習グラウンドも近くなり、50分かかっている移動時間も短縮できて、生活としてはもう少し楽になるはずです。

しかし一方で、小学校のクラス担任をしながら高校野球の監督を務めるということは、他の人にはなかなか真似のできないポジションであり、メリットも数多くあります。子どもである小学生と、子どもと大人の中間に位置する高校生に毎日接していると、見えてくるものがたくさんあります。意外と同じところがあったり、極端に異なる部分があったりと、私の立場でしか感じられないことが日々生まれてきます。これこそ二足の草鞋を履いている最大のメリットであり、どちらかから身を引けと言われるまでは、二刀流を継続して頑張っていくつもりです。

工夫があるミスは許す

選手が大きく育っていくためには、ある程度の失敗や回り道が許されるような環境でなければいけません。例えば、走塁で暴走し、次の塁でアウトになってしまったとします。このとき「なぜ、余計なことをするんだ！」と叱られたり、その後ゲームに使ってもらえなくなったりしたら、それは環境として不適当です。

一つのミスで二軍に落とされるようなケースは、多くの高校で行われているかもしれませんが、それが良い意味での厳しさだと解釈されるようになると、ミスをしない選手が評価され、ミスは多くとも高い能力を秘めた選手の芽を摘んでしまうことになります。

学校生活全般、特に部活動は社会に出る前に、たくさんの失敗をするための場所です。バッティングで言えば、1打席目に三振した場合、2打席目はバットを短く持ったり、直球狙いから変化球狙いに変えるなど、失敗したあとにさまざまに工夫することにこそ意味があるのです。その結果、同じように三振に終わる可能性もありますが、何も考えないままの失敗と、工夫をした上での失敗では意味がまるで違います。

指導者は結果だけを見るのではなく、プロセスや意図、積極性といったものを評価してあげなければいけません。もちろん結果を出すのは大事なことですが、その途中で失敗やミスがあるのが野球であり高校生です。「失敗してもいいよ」「結果だけを見ているわけではないよ」ということを意識して、私は指導にあたっています。

逆に言えば、工夫を感じられないミスには厳しい目を向けます。それは消極性の表れであり、自分を変える気持ちがないことを意味しますから、そのままでは成長につながりません。何がいけないのかをしっかりと伝えた上で、交代させたり、下のチームに落としたりすることはあります。

指導者も選手と共に育つ

私が選手と接する上で意識しているのは、教えて育てる〝教育〟ではなく、共に育っていくという意味の〝共育〟です。教育は、指導者側が上に立って子どもたちを教え育てるということになりますが、共育は、指導者も選手と一緒に育っていくことを意味します。

選手の成長はもちろんですが、私自身、自分の成長に興味があり、自分がどれだけ成長できているかをすごく意識しています。指導者は、選手以上の成長速度を保てなければ、新たな練習方法や野球理論の流れに飲み込まれてしまうと思うので、「退任まであと残り数年だから既存の知識やノウハウで食べていこう」というような成長意欲も向上心もない指導者は、少しでも早く辞めて次世代にバトンタッチするべきなのです。

選手に成長を求める以上、自分自身も指導者として成長していく気概がなければいけません。私自身もそれがなくなれば、指導者を辞めようと思います。自分自身の成長のために、他のスポーツの指導者と話をしたり、さまざまな本を読んだりして、絶えずインプットを試みています。

私はつい〝高校野球的な視点〟にとらわれがちになるため、他の種目やビジネスパーソンの方と会って話をすることは本当に刺激になります。同じ野球界でも、メジャーを見てきた人やプロ野球でコーチ経験がある人など、自分とは違ったキャリアをもつ人との会合も大変良い経験です。人間は基本的に自分がしてきた経験の中で生きているので、実際に経験していないことをどれだけ取り入れていけるか。そこに貪欲であることが優秀な指導者の条件の一つだと思いますし、自分が成長すれば、当然、それは選手にも還元されていくはずです。

その結果として得られるのは、一つの物事を多角的に見られる視点です。例えば試合に負けたとき、「こんなミスやあんなミスがあった」「こんな準備が足りなかった」「相手のここが素晴らしかった」「次はこんなふうにしなければならない」など、一つの敗北からたくさんのことが見えてくるようになります。その数が多ければ多いほど、良い指導者と言えるのではないでしょうか。

さらに野球的な考え方に縛られず、より大きく広い視野も必要です。高校野球のいち監督というよりもグローバル企業の社長のような視野をもつことができれば、チームはより強くなり、多種多様な人材を育てられるのではないでしょうか。私としては最終的に、そうした境地までたどり着きたいと考えています。

第3章

高校野球を楽しむための条件

野球を楽しむチームの条件

理想の練習はオーダーメイド

高い目標を掲げ、その目標を達成するためには、日頃の練習が重要であることは言うまでもありません。問題はその方法であり、指導者が練習に関してどのような哲学を持っているかが、試合の結果だけでなく、選手たちの将来に大きく左右します。

大切なのは、指導者が管理しやすい練習ではなく、そのチームや選手個々の状況に合わせた練習をしていくことです。かつての高校野球でよく見られたような〝全体〟〝一括〟〝統一〟〝一斉〟というような練習は、指導者側の自己満足に過ぎず、今後変わっていく必要があります。

自分の目の前で選手全員が同じような練習をしていれば、指導者は「自分が管理している」という感覚を覚え、それに対して「自分の目の前で選手全員がこんなにも一生懸命練習している」という自己満足に陥りがちになります。しかし、選手個々の課題はその選手によって異なるのは当たり前です。それを無視して、画一的で全体的な練習にすべての選手を当てはめてしまうのは、一人ひとりを伸ばすという意味では不十分であると言わざるを得ません。チーム全体で平均的な伸びしか期待できず、多くの選手が平均値近辺の能力しか持たないという弊害も生まれます。

ただし、完全に個別の練習メニューを実現できるかと言えば、野球という競技の性質上、難しいのもまた事実です。一つのグラウンド内で、打撃、守備、投手それぞれの練習を各選手が思い思いにしてしまうと、硬球があちこちに飛び交うことになり、安全面をまったく保証できなくなります。そのため、ある程度は統一されたメニューを組まざるを得ません。それでも可能な限りは、一人ひとりの課題に合わせた〝オーダーメイド〟の練習を行っていくべきでしょう。守備が課題であればノックを多く、コントロールを高めたい投手であれば体のバランスを向上させるトレーニングなど、それぞれの課題やウィークポイントに見合った〝オーダーメイド〟の練習に臨むべきです。

こうした練習を実現させるためのキーワードは、選手の〝目的意識〟です。バッティングを例にすれば、ヒットエンドランのサインが出やすい打順の選手はその場面を想定した練習に取り組み、代打で一発の長打を期待されている選手は強い打球を打つことを意識するといった具合です。見かけ上は同じバッティング練習でも、それぞれに意図をもつことで、練習の成果は大きく高まります。

また、選手と常にコミュニケーションを取り、「いまはどんな意図、目的で練習をしている？」と聞くことも、指導者にとっては大事な仕事です。もし選手からの回答が適切なものでないと感じれば、その都度話し合って、修正を施していきます。

平日は全体練習後に個人練習の時間を設けるようにしていますが、個人練習だけでなく、全体練習の際にも正しい意識をもつことで、十分にオーダーメイドの練習へと変えることができます。

例えば30分のノックの練習を行う際、受け身の姿勢で時間を消化するだけでは、ただの体力強化メニューになってしまいます。しかし、選手がノッカーに対して「僕はバックハンドのキャッチが課題なので、それを多く打ってください」と事前に頼めば、大枠は全体練習であったとしても、立派な個人練習になります。

つまり、全体練習だからといって、個人練習や自主性がないということはありません。選手一人ひとりが課題に向き合って、克服しようという意識を持てば、明確に各個人の練習となっていきます。たとえどんな練習メニューであっても、選手自らが主体的に取り組むことはできるのです。

指導者はドローンの視点で

その選手に適した練習、オーダーメイドの練習を実現するためには、指導者は斜め後ろの少し高い位置からの視点、つまりはドローンのような位置から選手たちやチームを見る必要があります。選手たちにはそれぞれ個性があって、さまざまな方向に、その選手なりの速度で成長していきますが、指導者が先頭に立って引っ張る意識でいると、選手たちの様子が見えにくくなるものです。そのため、〝ドローンの視点〟が必要になってくるのです。少し引いた視点で見ていると、選手一人ひとりの課題や、いま現在どういった練習をしているのかということが、よく見えてきます。もし仮に選手の中に入っていって、一人ひとりに手取り足取りで熱血指導をしてしまうと、ついつい客観的な視点を失ってしまいます。

もちろん監督自身がマンツーマンの熱血的な指導を施してもよいのですが、慶應義塾高校野球部の場合は、10名以上在籍する学生コーチが個別に、ノックやピッチング練習などで選手と向き合ってくれています。そのため私は、それらの個別練習がうまくいっているかどうかを見極めたり、コーチの配置を決めるなどのチーム全体をまとめる仕事に専念することができます。そういう意味では、選手やチームに真摯に向き合ってくれる学生コー

チームをともに支える学生コーチ

チたちには感謝の思いしかありませんし、チームにとって絶対に不可欠の存在と言えます。

つまり私がドローンの視点で冷静にチームを見ている以上、個別のトレーニングに付き合う学生コーチには、情熱や熱量といったものがまずは大切です。まだそれほど経験がない中で、若い人同士でエネルギーをぶつけ合うことで、新しい何かが生まれることもあります。学生コーチは自分が思った通りに、「俺はこうしたほうがいいと思うよ」と声をかけながら、選手の成長を促していく。その方向性が間違っていれば、私が修正のための声かけを施していくので、どんどん自由にやってもらってよいと考えています。学生コーチには常々、「どんどんやってみなはれ。責任はこちらが取る」と言っています。そうすると彼らは、私が知らないこと、気が付かないようなことまでどんどん提案するようになってくるのです。

指導者が先導しないからこそ、選手から自発的に生まれてきた伝統もあります。3シーズン前のキャプテンだった新美貫太《にいみかんた》は、キャプテンになったときに「選手だけでミーティングを行う時間が欲しい」と言ってきたので、それを了承しました。

そもそも新美は下級生の頃からすごく元気で物おじしないタイプ。極端なことを言えば、仮に私が試合で不在だったとしても、「あいつがいれば、なんとかしてくれる」と思わせられるような選手でした。その彼が選手ミーティングを確立し、話し合いの中でいろいろなものを生み出していくという現在につながる原型を作り出してくれたのです。

選手ミーティングが始まった当初、選手に内容のヒアリングを行いましたが、建設的な話し合いが行われる有意義な時間になっていると感じました。そして何より、選手が主体性を持ってチーム作りに関わろうとしていることが、とても嬉しく感じました。

その年から選手ミーティングの回数がかなり増えて、そのたびに、そのときのチーム状況に応じた目標やキーワード、標語を作るようになり、それが現在のチームにも引き継がれています。

すべてのプレーに意図をもつ

選手個々がそれぞれに課題の意識をもつことで、練習をオーダーメイド化できるということを記しましたが、実際のゲームになった場合、この意識は〝意図〟という言葉に置き換えられると思います。プレーの一つひとつに意図を持つためには、選手はワンプレーごとに常に考える必要があり、逆に言えば、意図をもたないということは何も考えないままプレーしているのと同じですから、それでは選手やチームは本当の意味で伸びていきません。

仮に考えないまま、結果としてプレーが成功したとしても、それはあくまで偶然であり、再現性は低いと言わざるを得ません。せっかく良いプレーができたのであれば、また同じプレーをできてほしいですし、それが当たり前になってくれれば、よりレベルの高い課題に取り組めるようになるので、意図を持って再現性高くプレーすることは重要なのです。

例えば同じホームランでも、「なんとなく来た球を思い切り振りました」という一発と、「投手が変化球のコントロールに苦しんでいて、カウントもボールが先行していたので、次は直球でストライクを取りに来ると思い、それを待って打ちました」という一発では、まるで意味が違います。打撃に限らず、守備も、配球もすべて同じです。意図がなければ、次に同じような場面が来たときに再現、または修正ができない。

だからこそ私は、常日頃から「なんとなくプレーするのが一番ダメだ」ということを選手に伝えていますし、意図を持ってプレーしていない選手には厳しく言うようにしています。すると選手は、次に同じような場面が来たときにどうすべきかを考え、準備するようになり、選手個人としてもチームとしても結果を残せるようになるのです。

２０１６年、私が監督となって初めて迎える夏の県大会の準々決勝、東海大相模との一戦で、印象に残っている場面があります。

その試合で７番ショートとして先発していた瀬戸西純は、１打席目は相手先発投手のスライダーに凡退。そして私は、彼が２打席目に入る前に、「状況にもよるけれど、セーフティバントのサインを出すよ」という話をしました。スライダーにタイミングが合っていなかった上に、彼のバント技術や走力を生かすため、私はそういう指示を出したのです。

一度は首をタテに振った瀬戸西でしたが、ネクストバッターズサークルで自分の出番を待っていると急に私のところにやって来て、次のように言いました。

「１打席目はスライダーで抑えられました。次も絶対にスライダーでストライクを取りに来ると思うので、それを打たせてください」

私は5秒ほど悩みましたが、彼の投手心理を読んだ上での判断や、それを伝えてきた勇気に納得がいき、それを了承しました。すると案の定、初球にスライダーが投じられ、彼は見事に狙い打ったのです。風にも乗った打球は浅く守っていたセンターの頭上を越え、タイムリースリーベースヒットとなり、それまで3点だったリードを5点に広げてくれました。

1打席目は打ち取られたけれど、もう一度そのボールが来れば打てるという自信と判断。さらには「打たせてほしい」と直訴できる勇気。負ければ終わりのトーナメントの最中、しかも東海大相模という強豪を相手にした究極の状況の中で、彼がそうした判断を瞬時に行って、勇気を持って私に言いに来たことに心から尊敬の念を抱きました。こうした私の心情もあって、「たとえどういう結果になろうとも、この判断を尊重したほうが、彼自身やチームの成長につながるのではないか」と考え、受け入れたのです。たった数秒での決断でした。そして実際に結果を出してくれたということが素直に嬉しかったですし、いまでも強く印象に残っています。

その瀬戸西は慶應義塾大学進学後も野球を続け、2年生からは見事にショートのレギュラーに定着し、2020年度は主将を務めています。正直な気持ちを記すと、大学でレギュラーを取るのさえ難しいと思っていましたが、前述したような判断力や勇気を持ち、それを実際に行動に移せる選手は、カテゴリーが上がってもやはり伸びていくのだと改めて思い知らされました。

また瀬戸西は、自分に対してはもちろん、周囲に対しても建設的で前向きな厳しさを示せるタイプで、それがチームの成長につながっていました。さらには下級生たちがその重要性をよく理解し、姿勢を見習って、連綿と引き継いでいってくれているところが、現在のチームの一つの軸になっています。

多くのチームは、監督やコーチが厳しく選手に接することで、緊張感やピリピリしたムードを作っていきます。しかし本来は、選手が「自分たちで緊張感を作っていったほうが上達するし、チームのレベルも上がっていく」と理解した上で、取り組んでくれることが理想です。

その空気はいまも残っていますし、残していかなければいけません。「監督が見ているから」ではなく、自分たちがうまくなりたいから自分たちで厳しくする。あるいは、必要だと思う意見を言い合ったり、指摘し合う。選手が主体的にやっていくという意識を強くしてくれた功績は大変大きいと思います。

その意味で、チームに新たな伝統や空気を作ってくれた瀬戸西は、私にとってすごくいい出会いであり、また感謝もしています。

ノーサインで生まれる主体性

練習から高い意識で取り組み、試合では常に意図を持ってプレーする。それと地続きになりますが、監督である私は第2章で記した通り「理想はノーサイン」という意識で、練習や練習試合に臨んでいます。

どうすれば多く得点でき、失点を少なくできるかという状況判断が連続して起こるのが、野球というスポーツです。そのため、指導者がすべての場面においてサインで動かしてしまうと、選手は「サイン通りやればいい」という受け身の姿勢になってしまい、まさに指示待ち族を大量生産するだけに終わってしまいます。また、そういった選手が評価されるようになると、選手が意図をもつことがまるで悪いことのように捉えられ、社会に出てからのことも含めて、主体的な人間が一向に生まれてきません。

例えばベンチからバントの指示が出た際に、「いまの守備隊形であれば、バスターしたほうが面白いんじゃないか」「走者に対して無警戒だから、盗塁を狙ってもいいんじゃないか」と、選手が考えることが大事ですし、うちのチームとしてはそこを目指したいと思っています。練習や練習試合、もっと言えば公式戦でも、さまざまな場面で議論や意見交換が行われるようなチームが理想です。それは選手一人ひとりが根拠を持って考えた上で意見をもっているということなので、本当の意味で、大人のチームになれると思います。子どもを大人に成長させていくことが学校の役割です。

それが本来目指すべき高校野球の姿であるにもかかわらず、多くの指導者がそうできないのは、「自分が一番分かっている」と思っているからです。極論を言えば「俺の考えた通りにやれば勝てるのだから、余計なことをするな」とさえ考えている。それは選手を信用していないことの証明であり、指導者がこうした思考に陥っている限り、選手との間に信頼関係は生まれてきません。

ただし、高校生がノーサインでゲームを進めていくことは本当に難しいものです。それを実現するためには、多くの段階を踏んでいかなければいけません。代替わりがあって新チームが立ち上がったばかりの時期であれば、練習試合ではサインを出しながら行い、試合後に「あの場面で、ああいうサインを出したけど、それはなぜだと思う？」と選手たちに問いかけていく。このように試合を振り返っていくと、指導者側の意図と選手の考えを意見交換できるため、チーム全体の思考がどんどんと深まっていきます。

そして、その代の最後の公式戦となる夏の大会では、まったくのノーサインでゲームを進められるのが一番の理想です。こうした理想、目標のもとに、最初はサインを出し、それに解説や意見交換をしながら、徐々にサインなしでもゲームを進められるという方向性のチーム作りを行っています。

その究極的な着地点が、〝ベンチの意図と選手の意図の一致〟です。

ノーサインで試合を進めていた場合、私が「ここで盗塁すればいいのに」と考えていた場面で、実際に選手がスチールを試みる。あるいは、仮に私が盗塁のサインを出したとしても、それを受け取った選手が「そう来ると思っていました」と思えば、これもベンチと選手の意図が一致したことになります。ベンチ、走者、打者で意図の一致が起きれば、成功率も間違いなく上昇します。

しかし選手が何も考えていなければ、仮にサイン通りに盗塁が成功したとしても、なぜ、いまのカウントで盗塁するべきだったのかという〝意図〟に気付かないまま、一つのプレーが終わるだけです。だから選手には、ワンプレーごとに自分が監督になったつもりでプレーしてほしい。こうした思考の集合がチームのランク、レベルを間違いなく引き上げます。さらに、考えながら取り組むほうが、ただ指示を守るだけよりも、圧倒的に野球が面白くなることは言うまでもありません。

選手は野球を通じてそうならなければならないし、指導者もその方向に育てなければなりません。そのために必要なことは、たとえ指導者の意図通りに選手がプレーしなかったとしても「ダメだ」と言わないことです。「自分で考えなさい」と任せておいて、いざ自分の意思で動いたときに「なぜ、そんなことをするんだ！」と叱責されたら、選手は当然やる気を失います。そこは、指導者がしっかり担保してあげなければいけない部分です。もちろん、まだまだ経験の浅い高校生ですから「それはないだろう」というプレーを選択するケースもあります。それでも指導者はグッとこらえて我慢する。こちらが指示することだけをやらせて、目の前で管理したほうが楽ではありますが、それでは選手は大きく成長していきません。

量から質に転換するための目的意識

冬場に2万本の素振り、毎日１００本ダッシュなど、練習の〝量〟をよりどころにするチームは少なくありません。もちろん、それは「俺たちはこれだけやってきたのだから」という一定の自信にはなりますが、練習はそれ以上に〝質〟が重要であると私は考えています。

これにはそもそも、慶應義塾高校野球部が抱える環境の問題があります。全国的な強豪校にあるような選手全員が夜遅くまで練習できる合宿所も大きな室内練習場もバスもなく、場所、時間という点で制約から逃れられません。だからこそ、質を求めていくのです。

質にはたくさんの意味があり、集中力や前述した一球一球の意図、実戦を想定した意識の高さなどが挙げられます。素振りを例に説明すれば、それぞれのコースで数球ごとに動かして行ったり、二人一組で投手役を立てたり、あるいはその日の試合で打てなかったボールを復習として振るなど、いろいろな工夫を施しています。つまり、素振りという体の運動に、何らかの脳の働き、考えるという要素を加えなければ、本当の練習、いい練習にはならないのです。

もちろん、我々が行っている方法が完璧だと言うつもりはありませんし、完璧でもありません。しかし理想を持ち、そこに近づく努力をすることに意味があると思って、日々の練習に取り組んでいます。常に理想を目指す途中にいるというイメージで、少しうまくいったことがあっても、翌年には思い通りにいかないかもしれませんし、選手によっては合わないタイプもいるかもしれない。だからこそ追求が必要ですし、終わりなき旅をずっと続けているという感覚です。

いずれにせよ、いま行われている練習は何のためにやっているのかという意識が高まると、意図が生まれてきます。その結果、変化が生まれてこなくてはいけませんし、何のための練習なのかということを、選手一人ひとりがはっきりと言えるようになっていかなくてはいけません。「キャッチボールをやっています」ではなく、「キャッチボールでは芯で捕ることを意識していて、素早い握り替えを身に付けようと努力しています」などと言えるのが理想。その内容やレベルには、選手個々に差があってかまいません。むしろ差があって当然です。目的意識が高い人がいれば、周りには良い影響を与え、チームはどんどん変わっていきます。

「チームのために」という視点

学生コーチの話題を前述しましたが、私自身も慶應義塾大学に進学後は大学の野球部には所属せず、前監督である上田先生のもとで、学生コーチとして4年間、高校の後輩たちの指導にあたりました。そして現役でプレーしていたときとは、野球の見え方、考え方が180度変わったと思います。

自分がプレーヤーだった高校生のときは、どうしてもチームのことよりも自分のことに目が向きがちでしたが、コーチという立場になると、チーム全体を良い方向に導くためにはどうすべきか、そのためには選手一人ひとりをどのように成長させるべきかといった、より俯瞰的な視点で野球やチームを捉えられるようになりました。そしてその中で、学生コーチである自分は何ができるのか。そのようなことを日々考えているうちに、現役でプレーしているときよりも野球が一段と面白くなっていったのです。

選手を指導すると一口に言ってもさまざまな方法があります。知っていることでも、自分の中でもう一度理解を深めてから口にする。知っていることをすべて言うだけでは本当の意味では伝わらない。あるいはどんなタイミングで指導にあたるのがよいのかなど、吟味すればするほど難しいものですが、とても面白く感じました。それには上田先生が練習方法やメンバー選びなど多くのことを任せてくれたことが大きかったと思います。ただノックを打ったり、タイムキーパーをしたりということではなく、かなりの裁量を与えてくれました。そのほうがもちろん難しくはなるのですが、難しいものほどやりがいがあって面白い。いま振り返れば、そんな試行錯誤を繰り返した4年間だったと思います。

その中でも、私が大学4年時の高3の選手たちは特に印象に残っています。自分自身やチーム全体を客観的に見られる〝大人〟な選手が多く、体格や技術で図抜けたものはありませんでしたが、春夏ともに神奈川県大会準優勝という好結果を残すことができました。

館山市で行われた合宿で、ある内野手をキャッチャーにコンバートするための話し合いをしました。この年のチームはキャッチャーの選手層が薄いというチーム事情があってのことでしたが、最初はやはりと言うべきか、コンバートを嫌がったことを覚えています。それでもじっくりと時間をかけて、こちらが思っていることや彼自身の希望、チーム事情などをテーマにとことん話し合い、最終的にはなんとか受け入れてくれました。

彼自身に「本当は内野手がやりたい」という思いがあったことは痛いほど分かりました。それでも「チームのために」という考え方のもと、最後は納得してくれたのです。それによってチーム全体の骨格が決まり、その後のチーム状況がすごく良くなっていきました。最終的に彼は二番手のキャッチャーに収まりましたが、このように一人の高校生がチーム事情を理解し、ポジションを移ってくれたことには非常に感謝していますし、その決断には敬意を表するほかありません。

チームというのは試合で華々しく活躍する選手だけでなく、やはり練習の段階から縁の下の力持ちがいなければ成立しません。彼がコンバートを受け入れてくれたことで、レギュラーのキャッチャーが思い切ってプレーできるようになり、二番手争いも熾烈になってチームに刺激が与えられたと思います。彼が自己犠牲を払ったことは、周りの選手も当然分かりますし、その結果、チームに貢献するとはどういうことかを全員がよく理解してくれたとも思っています。

慶應義塾高校野球部は甲子園常連の私立校のように、素質に恵まれた選手が毎年のように大量に入部することはありません。だからこそ一人ひとりが自分のやりたいことだけではなく、チームのために自分はいかに貢献できるかという視点を兼ね備えなければならない。そして、当時コーチだった私は、チームをそういう方向に持っていけるかどうかに面白みを感じました。こうした積み重ねがチームを形成する上で欠かせないということを、大学生なりに経験、理解させてもらったことが、いまにつながっていると思います。

勉強と野球は「二択」ではなく「二刀流」

現在の高校野球が抱える大きな問題の一つが、野球に対してあまりに時間と情熱を注ぎ過ぎる傾向があることが挙げられます。授業やテストなどの勉強は二の次で、クラスメイトと交わる時間もなくひたすらに野球だけに傾倒する。これでは将来、社会に出るための準備がおろそかになり、学生の本分をまっとうできません。つまりは将来的な選択肢が限られることを意味し、野球から身を引かざるを得ない状況になったとき、社会からドロップアウトする選手も出てきてしまいます。これは本当に危惧すべき問題で、指導者を含めて、高校野球界全体で考え、解決していかなければいけない課題と言えるでしょう。

私自身は、選手たちに「物事をシーソーで捉えてはいけない」という言葉を使って、こうした問題と向き合っています。勉強を一生懸命に頑張ると野球がおろそかになる、あるいはその逆も含めて、2つの選択肢でどちらかを取ったがために、もう一方がダメになる考え方を戒めています。これは勉強と野球の関係に限らず、個人と全体、攻撃と守備など対極で捉えられる事柄にはすべて当てはまると思います。

このように、どちらかに振り切ったがために一方をおろそかにしてしまうのではなく、「X軸とY軸で捉えなさい」と伝えています。X軸とY軸とは中学校の数学で学ぶ関数のグラフのことで、どちらか一つのこと（X）を頑張ったときに、それに比例する形でもう一つのこと（Y）も伸びていく。二者択一ではなく「二刀流」のイメージです。それを理想として目指しなさいというのが、私自身、ひいては慶應義塾高校野球部の哲学です。

個人と全体で考えれば、個人練習をしたからといって全体練習がおろそかになるわけではありません。また、攻撃の練習を行う際には、守備側についている選手は守備の練習もできる。盗塁の練習をしているときには、それを阻止するための工夫をするなど、相反する概念を同時に伸ばしていくことは十分に可能なのです。

もちろん、すべてがそうであるとは言い切れませんが、前述の野球と勉強の関係においては、「野球をやっているから、勉強の成績が下がっても仕方がない」とは絶対に考えてほしくありません。本当にできる選手は、勉強をしながら野球の時間も作ったり、あるいは野球の練習も頑張りながら、うまく頭を切り替えて勉強に取り組むということが実際にできています。

こうした考えに至ったのは、文武両道の実現と、さらには選手に欲張って生きてほしいという思いからです。勝利と育成も同様で、勝利を目指せば育成がおろそかになると言われますが、勝ちながら選手を育成していくことは、理想論かもしれませんが絶対に可能だと信じています。こうした理想を追求することが、高校野球の価値を高めることにもつながります。

コーチング主体の押し付けない指導者像

質問主体のコーチング

続いては、最近、スポーツ指導の現場でよく話題になる、ティーチングとコーチングの違いについて触れていきましょう。私は筑波大学大学院のスポーツコーチングの研究室にいたため、コーチとはどういう存在で、何をすべきかということについて常に考えさせられました。

コーチングの要は、選手への質問です。

例えば「どうすれば、バットがボールに当たるようになると思う？」と聞いて、その選手なりの答えを引き出してあげます。お互いにディスカッションしながら答えにたどり着くという意味では、双方向のコミュニケーションが重要であり、それこそがコーチングです。最終的には選手自身に気付かせたり、その選手が努力を始めるように持っていく。こちらが答えを与えるのではなく、本当の答えは本人の中にあり、それに気付かせてあげるのがコーチングの基本的な考え方ではないかと私は解釈しています。

対してティーチングは、「答えはこうだから、こうしなさい」と、こちらが持っている答えを与える方法です。もちろん、この方法でも選手は成長しますが、その幅には限界があります。しかし、コーチングがうまくいけば、選手自身が考えて答えを出す習慣が身に付き、より大きく成長できるようになるのです。

日々コーチングを施す中で、もっとも印象に残っているのが、2018年の春の選抜大会で彦根東を相手に逆転ホームランを打たれて敗れた試合です。

2－1と1点をリードして迎えた8回表。2アウトながら1、3塁というピンチの場面。エースである生井惇己と2年生捕手の善波力のバッテリーは、2ボール2ストライクのカウントから、インコースのストレートを選択し、逆転ホームランを浴びました。

生井はサウスポーで、相手は右打者。生井は右打者に対するインコースのストレートに自信を持っていて、ホームランを打たれる直前、そのボールをファウルにされていました。ファウルを打った打者の反応から、捕手の善波としてはもう一度同じ球を投げても打ち取れないだろうという感覚があったそうです。そこで善波はチェンジアップのサインを出したのですが、右打者へのインコースのストレートに自信をもつ生井は首を横に振り、同じボールを投げて、レフトポール際へと運ばれてしまいました。

打たれた生井はもちろんですが、自分の意思を貫き通せなかった善波も大変に悔いが残ったと言います。そこで、あのホームランはどうすれば防げたのかということを彼らは真剣に考えてくれました。

チェンジアップを投げさせたかったけれど首を横に振られた善波からすれば、自分の意思を貫き通すか、あるいはタイムを取って生井のもとへ行き、「さっきのインコースのファウルは反応されているのできついです。チェンジアップでいきたいです」と伝えるべきだった。

また生井としては、自信のあるボールだから、もう一球いけば抑えられるという局面で、信頼していた捕手の意思に反して自我を出したがために打たれてしまった。

こうした場面がもう一度来たときに、どうすればいいのだろうという話し合いが始まりました。捕手としては自分が投げさせたい球をしつこく要求する、あるいはタイムを取って2人で話し合う。またタイムを取って監督である私に意見を求めるなど、いろいろな選択肢があったかと思います。

どの方法を選択してもよいのですが、少なくとも捕手が「こちらのほうがいいんだけどな」という思いを残したまま投手に引きずられたのは非常に後悔が残りますし、投手の生井も、自分の投げたい球で抑えたいという欲求は理解できたとしても、あの場面では捕手を信頼するべきだったという反省もあります。その一方で、もっと厳しい球、もっといい球を投げられるように力を付けることも、投手としてやるべきことです。唯一の答えがあるわけではありませんし、だからこそ「あのときどうすればよかった？」と聞いて、コーチングを施すことに意味が生まれます。

いまの学校教育の現場では唯一の正解があるという教育になりがちですが、この場面を含め、人生において、答えが一つしかないというケースはほぼあり得ません。だからこそ徹底的に考えて、「二人で話し合います」、「自分の意見を貫きます。遠慮はしません」などの意見を出し合い、自分たちなりに次に備えることが大切なのです。

いずれにせよ、どの選択肢を選んでも問題なく、私もどれが正解かは分かりません。しかし少なくとも同じ過ちだけは繰り返してほしくありません。その失敗から学び、自分なりの方法を導き出すことが、慶應義塾高校野球部のやり方です。

それに対して、私が「こうしたら抑えられる」なんて、とても言えません。彼らが「ここを強化していこう」「ここをポイントにしよう」などと悩みながら歩みを進めているのを見守り、ときに一緒に議論しながら夏の甲子園を目指しました。こうした選手の成長をその隣で見ているのは、監督である私にとって一番楽しい時間でもあります。また私自身にも新しい学びがあり、選手と一緒に成長しているような実感がありました。

そういう意味では、甲子園で味わった手痛い失敗は、逆に言えば最高の経験であり、成長のための最高の材料になりました。それが夏の県大会の準決勝や決勝の苦しい場面で、ここでインコースを攻めないと抑えられないという決断につながり、ファウルの反応を見極め、それこそチェンジアップで抑えた場面も出てきました。こうした経験を生かしたストーリーが、2018年の春から夏にかけて存在したわけです。

また打線も、もっと打てるようになるために、選手やコーチから「速い球を打つために、こうしたいです」や、「追い込まれたカウントでの練習をやりましょう」などといった提案をしてくれて、そこにも面白さを感じました。

言うまでもなく、一番頑張ったのは私ではなく、選手です。指導者がどういうヒントを与えるべきか、あるいは言うべきかどうかの判断は大切ですが、もっとも頑張っているのは選手なので、その手助けをしたり、選手が大きく成長したりするためにどうすればよいかを常に考えるのがコーチングの肝ではないでしょうか。

選手の努力度とパフォーマンス

前にも述べたように、私は大学卒業後はNTTに勤めていましたが、次第に野球の指導者になりたいという思いが湧いてきました。学生コーチをしていたときに感じた、指導の楽しさや充実した思い。それを再び味わうために、社会人3年目で退職を決意します。そして指導者になるために必要だと感じたコーチングを学ぶために、筑波大学の大学院へと入学しました。そこで専攻したのはコーチ学で村木征人教授のコーチング論研究室に所属しました。どのスポーツにも普遍的に通じるようなコーチングの方法を追求していく研究室です。

そこで私は、努力度とパフォーマンスの関係性についての研究に勤しみました。努力度とは、簡単に言えば力の入れ具合を意味します。ピッチングやバッティングの、その一球やそのひと振りに関して、どれだけ一生懸命に行ったかをパーセンテージで表し、全力投球やフルスイングは努力度100％となります。

その努力度とパフォーマンスの関係性で言えば、努力度100％の全力投球をしたときに、スピードはどのくらい出るのか、コントロールはどの程度維持できるのかを調べ、研究対象にしていました。面白いことに、努力度80％で投げた場合、球速は全力投球のときの8割程度になると思いきや、そんなことはなく、大抵の場合9割前後の数字に落ち着きます。これはピッチングに限らず、バッティングやランニングでも同じで、8割ほどの力でプレーしていると、おおよそ9割程度の結果が出る傾向になるのです。

これとは逆に、全力でプレーしたときに百点満点の結果が出るかと言えば、そうではなく、むしろ余計な力みなどを生み出し、例えばランニングに関しては100のスピードは出ません。むしろ努力度95％や97％程度の全力から少し力を抜いたくらいのほうが、もっともスピードが出るという示唆が得られました。ピッチングに関しても、スピードだけではなく、コントロールとの兼ね合いがあるため、仮に100%のスピードが出たとしても、うまくコントロールできなければ投球のパフォーマンスとしては何の意味もありません。スピードとコントロールを両立できる、ちょうど良いところはどこなのかなどを日々、探究していました。

2年間の研究では明確な結論は出ませんでしたが、それでも現在の指導に生かされている部分は多くあります。例えば投手に対して、「自分の100%で投げたとしても、意外といい結果は出ない。だから少しだけ力を抜いて投げてみなさい」と、研究結果を下地にしたアドバイスができます。この〝少し〟が難しく、抜き過ぎてしまうと一定以上の力のあるボールを投げることはできません。そのさじ加減を選手が習得できるように、最高のパフォーマンスを出すための秘訣を一緒に探る努力は続けていきたいと考えています。

理想の選手像の描かせ方

チームの勝利、個人の成長という目標を達成させるためには、選手個々で各人に見合った理想像を描かせなければいけません。そのためにはまず、選手自身の正しい評価となる自己評価をきちんと設定させてあげることがとても大切です。

この自己評価は本当に難しく、低過ぎる選手もいれば、高過ぎる選手もいます。そのすべてを矯正するのは大変に骨が折れる作業ですが、周囲の客観的評価と自己評価があまりに乖離している選手に対しては、重点的な働きかけが必要です。

自己評価が低過ぎる選手の特徴は、自分自身にまったく自信が持てていないことです。そこを是正していくためには、小さな成功体験を数多く積み重ねていくしかありません。練習の中で以前よりも少しだけ打てるようになった、練習試合で結果を残せるようになったなどのスモールステップで、少しずつ自信を付けさせる。その上で、認めて、褒めて、前向きに野球へと取り組めるようにしていきます。

一方、自己評価が高過ぎる選手のほうが、扱いは難しいかもしれません。例えば日本代表でクリーンアップを打っていたなど、中学時代に実績を残した選手は自分のプレーに過剰に自信を持ち、周囲のアドバイスにも耳を傾けない傾向があります。こうした選手にはタイミングを見計らい、何度もビシッと言い続けるしかありません。監督だけに限らず、コーチも含めて、いろいろなタイミングで少しずつ角度を変えながら言い続けていく。「いまのままでは高校野球のレベルでは通用しない」「自分では足が速いと思っているかもしれないけど、そのくらいは普通だ」など、やや強い言い方をしていくしかありません。特に、うまくいかないときがチャンスなのです。

このようにして、自己評価と他者からの評価をある程度すり合わせていかなければ、社会に出てからつらい思いをするのは、その選手です。自分の立ち位置をしっかりと把握するために、自己評価を正しくできる人間にしてあげることも、指導者の役割だと考えます。

また、年に2回ほど、自己分析シートを書かせることも試みています。自身の長所や短所、いまは何ができて、何ができていないかなどを書かせて、それをもとに個人面談を行うという形です。その際に、自分では強みだと思っている部分も「悪いけど、たいしたことない」と伝えたり、逆に弱みと思っている部分に対して「いや、それをうまく使えば逆に長所になるよ」といったように、アドバイスをしていきます。

さらには、練習の合間のちょっとしたタイミングで声をかけるのも効果があります。休憩中やトイレで隣同士になったときなどに「最近、足の上げ方を変えたね」と声をかけるのです。これを実行するためには、選手を常日頃からよく観察していなければいけませんし、自己分析シートをよく読み込むなどの努力が欠かせません。実際は短い時間でも、うまく活用すれば、非常に有意義な時間になりますから、一瞬たりとも無駄にはできません。

このような指導の中で選手が自身の現実を知り、理想像を描けるようになると、そのときに初めて、現実と理想のギャップを埋めるために〝いま何をしなければならないか〟が

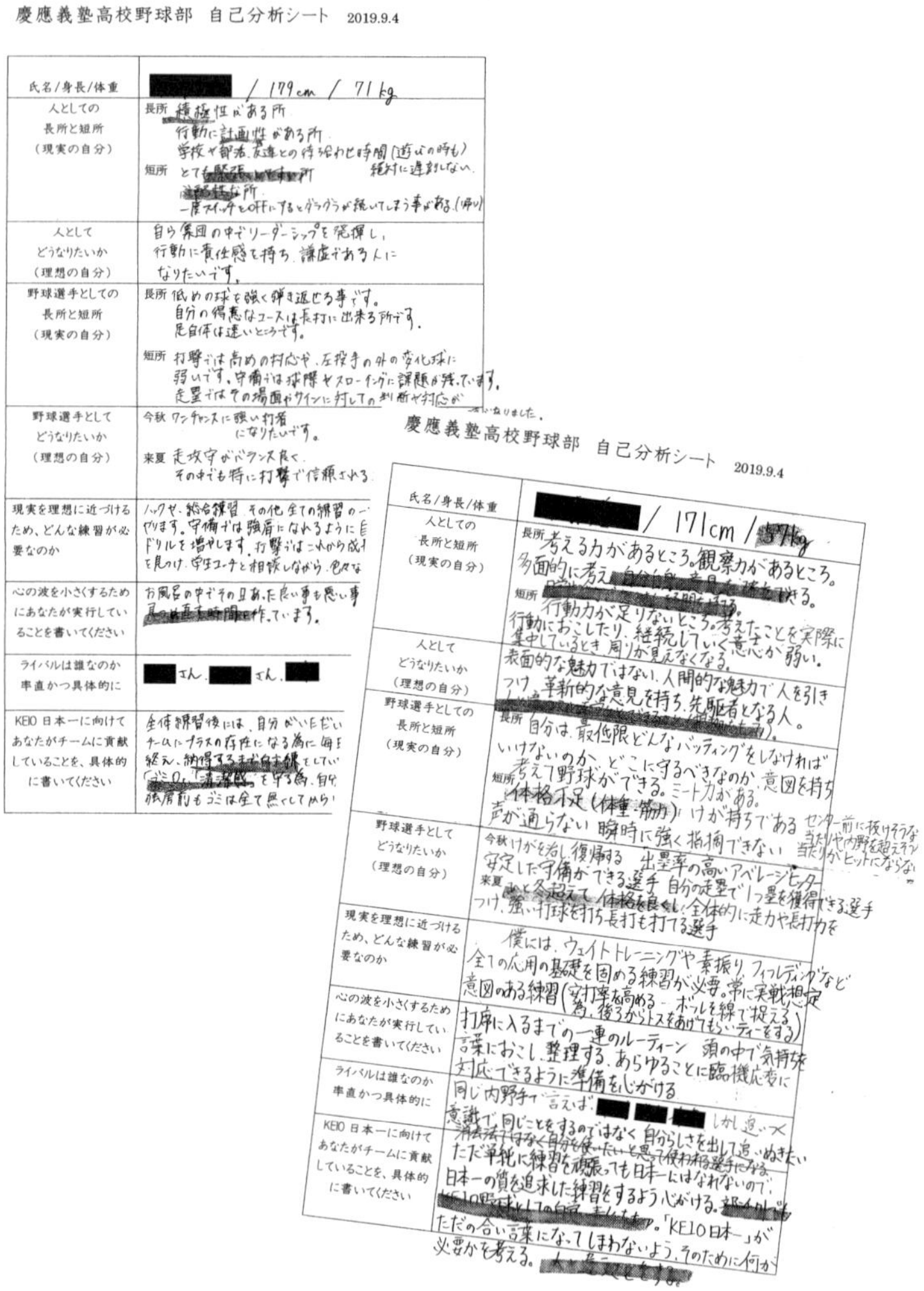

慶應義塾高校野球部　自己分析シート　2019.9.4

氏名／身長／体重	[redacted] / 179cm / 71kg
人としての 長所と短所 （現実の自分）	長所 積極性がある所 行動に計画性がある所 学校や部活、友達との待ち合わせ時間（遊びの時も）絶対に遅刻しない。 短所 とても　所 　所 一度スイッチをOFFにするとダラダラが続いてしまう事がある。（帰り）
人として どうなりたいか （理想の自分）	自ら集団の中でリーダーシップを発揮し、 行動に責任感を持ち、謙虚である人に なりたいです。
野球選手としての 長所と短所 （現実の自分）	長所 低めの球を強く弾き返せる事です。 自分の得意なコースは長打に出来る所です。 足自体は速いところです。 短所 打撃では高めの対応や、左投手の外の変化球に 弱いです。守備では球際やスローイングに課題が残っています。 走塁ではその場面やサインに対しての判断や対応が 遅くなりました。
野球選手として どうなりたいか （理想の自分）	今秋 ワンチャンスに強い打者 になりたいです。 来夏 走攻守がバランス良く、 その中でも特に打撃で信頼される
現実を理想に近づけるため、どんな練習が必要なのか	ノックや、総合練習、その他全ての練習の一 やります。守備では強肩になれるように ドリルを増やします。打撃ではこれから成 を見つけ、学生コーチと相談しながら、色々な
心の波を小さくするためにあなたが実行していることを書いてください	お風呂の中でその日あった良い事も悪い事 作っています。
ライバルは誰なのか率直かつ具体的に	[redacted]さん、[redacted]さん、[redacted]
KEIO 日本一に向けてあなたがチームに貢献していることを、具体的に書いてください	全体練習後には、自分がいただい チームにプラスの存在になる為に毎 終え、納得するまで　をしてい 　を守る為、自分 帰宅前もゴミは全て無くしてから

慶應義塾高校野球部　自己分析シート　2019.9.4

氏名／身長／体重	[redacted] / 171cm / 57kg
人としての 長所と短所 （現実の自分）	長所 考える力があるところ。観察力があるところ。 多面的に考え　できる。 短所 行動力が足りないところ。考えたことを実際に 行動におこしたり、継続していく意志が弱い。 集中しているとき周りが見えなくなる。
人として どうなりたいか （理想の自分）	表面的な魅力ではない、人間的な魅力で人を引き つけ、革新的な意見を持ち、先駆者となる人。
野球選手としての 長所と短所 （現実の自分）	長所 自分は、最低限どんなバッティングをしなければ いけないのか、どこに守るべきなのか、意図を持ち 考えて野球ができる。ミート力がある。 短所 体格不足（体重・筋力） けが持ちである 声が通らない 瞬時に強く指摘できない センター前に抜けそうな当たりや内野を超えそうな当たりがヒットにならない
野球選手として どうなりたいか （理想の自分）	今秋 けがを治し、復帰する 出塁率の高いアベレージヒッター 安定した守備ができる選手 自分の走塁で1つ塁を獲得できる選手 来夏 体格を良くし、全体的に走力や長打力を つけ、強い打球を打ち長打も打てる選手
現実を理想に近づけるため、どんな練習が必要なのか	僕には、ウェイトトレーニングや素振り、フィールディングなど 全ての応用の基礎を固める練習が必要。常に実戦想定 意図のある練習（安打率を高める為、ボールを線で捉える 為、後ろからトスをあげてもらいティーをする）
心の波を小さくするためにあなたが実行していることを書いてください	打席に入るまでの一連のルーティーン　頭の中で気持ちを 言葉におこし、整理する。あらゆることに臨機応変に 対応できるように準備を心がける
ライバルは誰なのか率直かつ具体的に	同じ内野手で言えば[redacted] しかし追いつく 意識で、同じことをするのではなく自分らしさを出して追いぬきたい
KEIO 日本一に向けてあなたがチームに貢献していることを、具体的に書いてください	ただ単純に練習を頑張っても日本一にはなれないので、 日本一の質を追求した練習をするよう心がける。 「KEIO日本一」が ただの合い言葉になってしまわないよう、そのために何が 必要かを考える。

選手の自己分析シート

見えてきます。これが曖昧なままだと、いつまでもやらなければならないことが見えてきません。だからこそ正しく自己評価をし、他者からの評価とすり合わせて、目指すべき理想像や具体的なイメージを作っていく。すると正しい努力ができるようになるのです。

高校野球は最長でも2年半と、非常に時間が限られています。もちろん試行錯誤させることも必要ですが、せっかく同じ努力をするのであれば、焦点が正しく定まっていたほうが当然、目標は達成しやすくなります。これは社会に出てもまったく同じです。何もできない1年生社員であっても、正しい自己評価をして、5年後、10年後に向けて正しい努力を続ければ、理想に近づけるはずです。

頑張るのは当たり前。現状と理想を把握した上での正しい努力や頑張りが、選手をより良い方向へと導くのです。

強みを認め伸ばす

この理想像の描かせ方で能力を開花させた選手が2人いました。

一人は前述した、慶應義塾大学野球部2020年度主将の瀬戸西純です。彼は高校で下級生の頃、内野や捕手の控えをしていたのですが、私が監督に就任した1年目に守備のよさを買って、ショートに固定しました。

彼はショートの守備を向上させてチームに貢献しようと、必死に努力を重ねました。その結果、技術が高まり、ショートというポジションを自信を持ってやれるようになったことで、自然と視野も広がっていきました。自分のことだけでなく、他の選手のこともよく見えるようになり、他の選手にアドバイスを含めて厳しく言えるようになったのです。彼はキャプテンではなかったのですが、自分にも他人にも厳しく接することができ、3年生の春にはチームリーダーのような存在に成長してくれました。

もう一人は、同じく監督1年目のときに指導した西澤俊哉《にしざわとしや》です。彼はもともと内野手だったのですが、捕手にコンバートされ、努力を重ねました。身体的な資質にはそれほど恵まれていませんでしたが、本当に頭が下がるような努力を続け、正捕手としての地位を確立しました。そして自分に自信を持てるようになり、瀬戸西と同じように、人にも厳しく言えるようになっていったのです。今では大学野球部の学生スタッフのリーダーになり、堀井監督の右腕として活躍しています。

他の選手に厳しく言えるということは、チーム全体をよく見ている証拠で、そういった選手が捕手とショートという守備の要となるポジションにいたことで、その年のチームはとても成長しました。さらに、このようにグッと伸びる選手がチーム内にいると、他の選手にも「こうすればいいのか」という気づきが増え、つられて伸びていくということが起きるわけです。

2人に共通して伝えたことは、「強みを生かしてほしい」ということでした。瀬戸西は守備がうまく、動きもよかったので「守備のスペシャリストになってほしい」、西澤は視野が広く、賢く、投手を鼓舞できるタイプだったので、「いいキャッチャーになれるから、自信を持って自分の思った通りどんどん投手陣を引っ張ってくれ」と伝えました。

こうして責任や権限を持たせると、高校生は本当に伸びます。最後はすべて監督が決めるという仕組みでチームを作ると、選手はいつまでも自立せず、監督頼みのチームになってしまいます。そうではなく、「最後は一人ひとりが勝負するんだ。だから基本的に自分が思った通りやっていい。最後の責任はこっちが取るから」と伝えるだけで、選手の心の躍動感が違ってくると思います。

これは瀬戸西、西澤に限らず、現在のチームにも当てはまります。いろいろな注文を細かく出すこともありますが、最終的には「自分の思った通りにやりなさい」ということは、常に選手に伝えています。

選手の人間的な本質の見方

良いチーム、強いチームにするためには、選手の個性や本質を見抜いた上で指導にあたることが重要ですが、これは簡単なことではありません。私は小学校の教員として6年間同じクラスの担任を続けていますが、6年間毎日見続けていても分からないことがあります。つまり人間の本質を見抜くという作業は、それほどまでに難しいのです。

例えば教員の前ではいい顔をしている児童や生徒が、教員が見ていないところでは違う一面を表出させているケースも少なくありません。だからこそ私は、「人間はそんなに簡単じゃない。複雑な生き物なんだ」という前提で、クラス担任を務める児童や、野球部の選手たちに接しています。

とは言え、それでは話が進まないので、選手のどこを見ているかという点で一つ挙げるとすれば、〝安定した態度や集中力で練習や試合に取り組めているか〟を注視しています。私がその場に居るか居ないか、コンディションがよいかどうかなどの条件の違いで、すぐに態度や集中力に変化が出てしまう選手はなかなか信用できません。

もちろん体調やバイオリズムなどを含めて、人間である以上、ある程度の波が生まれてしまうのは仕方ありませんが、一定の幅を超えてハイになったり、極端に落ち込んでしまったりする選手は、試合で自分の実力をコンスタントに発揮することはやはり難しいのではないでしょうか。どんな状況、コンディションであろうとも、最低限このくらいはできるといった安定感や、そうするための努力ができるかどうかはよく見ています。特にレギュラーにはそういったことを求めます。

その波が大きい選手は、将来的に芸術家や芸人など、ある分野では花開くかもしれませんが、確率が求められる野球というスポーツの中で、チームを勝たせるために安定的に貢献できるかと言えば、それは少し難しいところがあるでしょう。

また、おいしいところだけを持っていこうとする選手も時折います。何らかの道具を取りに行く際も、一番近いところにある物を取りに行く選手と、あえて遠いところにある物を取りに行く選手に分かれます。ボールを集める際にも、自分の近くにあるボールだけを集める選手もいれば、遠くのほうに転がっているボールを拾いに行く選手もいます。やはり、おいしいところだけ持っていく選手と、「誰かがやらないといけないのだったら、自分がやろう」という献身的な選手にはっきりと分かれますから、そういうところはしっかりと見てあげないといけません。

すると、どこかの場面で、「この前、一番遠いところのボールを取りに行っていたね」

と話をしてフィードバックできますし、それが控えの選手であれば「そうやってチームを支えてくれているんだよね」と、さらに評価することもできます。本質を見抜くのは確かに難しいのですが、それでも指導者はできる範囲で選手をよく見てあげることが重要だと思います。

ゲームでの着眼点

本番の試合でも、精神的動揺が少なく安定した状態で臨めるかという点を大事にしています。心を整える力です。

いいプレーがあったときにはテンションを高く保てたとしても、ちょっとしたエラーで極端に気落ちしたり、打たれてベンチに帰ってくるとまったく元気がなくなったりという選手は、チームスポーツを行う上ではやはりマイナスになります。いかにチームにマイナスを与えず、常に前向きでいられるかどうかはとても大事です。練習試合、さらには公式戦になると、そういう波はより出やすくなるので、ことさらよく見るようにしています。

だからといって、特別なメンタルトレーニングを行うことはありません。大きく捉えれば、日々の練習や試合が、すべてメンタルトレーニングだと思っています。エラーがあったときにいつも選手に言うのは、「取り返そうと思うのもダメ。落ち込むのもダメ。次は次だと切り替えて、いつもの状態でやりなさい」ということです。これこそが本当の意味での前向きな思考であり、波を小さくして心を平らにすることだと思います。

ホームランを打たれた投手が気落ちして、次の打者にフォアボールを出し、また打たれてしまい、大量失点というのが高校野球でよく見られるパターンです。しかしそこで、「まだ1点入っただけだ。次の打者を打ち取れば問題ない」と思えることが何よりも大事。落ち込んでもいけませんし、「絶対に抑えなきゃ」と力んでもいけません。こうした心のブレや波をできるだけ平らにしてあげると実力が出やすいので、それこそが指導者の役割だと思います。また、気持ちが下がっている選手が複数いるようなときや、チーム全体の空気が重たいときには、そんな空気を一言で明るくしてくれるようなキャラクターがいるだけで大きな戦力なのです。ムードメーカーは、大会のベンチに入る資格は十分にあるのです。

一球一球、いかに平常心でやれるかが勝負を分けます。でも、高校生にとっては難しいことなので、連続エラーでゲームが壊れてしまったり、「甲子園には魔物が棲んでいる」と言われるような展開が起きてしまうのです。

野球には1球ごとに約15秒の間が必ずあるので、どうしても、その間にネガティブな思考や気分が入り込んできてしまいます。しかし、この15秒をうまく使って心をリセットし、もう一度平常心で臨むことが大切。終わったことは仕方がありませんし、次の場面で無理に頑張ろうとしても余計な力が入ってしまうだけですから、次の一球をいかに〝普通に〟やれるかが勝敗を分けます。「この打者はセーフティバントが多いから、少し前で守ろう」「グラウンドが雨で緩んできたから、足場のよいところで守ろう」などといったように冷静に考えられれば、戦況は間違いなく良い方向へと変わっていくはずです。

実際に、そういう平らな精神状態を作れない高校生やチームが多いため、ピンチや戦況が悪いときこそ平常心でいられることは、大きなアドバンテージになります。慶應義塾高校野球部で言えば、技術や素質、環境で一番になることはなかなかできないので、一つでも多くの白星をつかむために、常に落ち着いた精神状態でいられることを目指しています。

それを実現するためには、普段から選手を大人扱いしなければいけません。いつもは子ども扱いしているにもかかわらず、こうした状況のときにだけ「落ち着け」「一人ひとりが冷静に判断しろ」と言っても、それは無理があります。日々の練習から一人ひとりを尊重し、各個人に意見や考えをきちんと持たせる習慣を付けることが、とても大事なのです。これは世の中に出てから役立つという長期的な展望と、試合の局面のなかで逆境を乗り越えられるという2つの意味があると、私は考えています。

野球を楽しむチームの試合への向かい方

試合前は「適度な」緊張状態を作り出す

試合前の選手への声かけ、言葉づかいで心がけているのは、選手をあまり高ぶらせ過ぎないようにすることです。野球はボールやバットなどの道具を操作してプレーする競技であり、その特性上、プレーの正確性や精度がすごく大切です。そのため興奮させ過ぎると精度が乱れますし、逆に相手を見下して緩んでいるのもいけません。

相手との力関係や、そのときの選手の状況や様子を見て、興奮もリラックスもさせ過ぎず、適度な緊張状態を作るために何を言うべきか、どういう言葉を発するべきかをまず考えます。つまり、基準としては、選手を適度な緊張状態にさせるということ。そのために言葉を手繰っていかなければいけません。

例えば、春夏連続出場に成功できた2018年の夏の北神奈川大会準決勝は、強豪・東海大相模との大一番でした。こうした否が応でも緊張感が高まるゲームでは少しリラックスさせてあげたいので、「お客さんがいっぱい入っている球場で試合ができるのは幸せだよね」という話をしました。また相手が相手だけに、選手は勝てるかどうか不安に思っている部分もあるので、相手の弱点を伝えて、そこを突けば十分に勝負できるという話もしました。

またトーナメントでは強豪との対戦ばかりでなく、この試合に勝てば次が強豪との対戦で、次の試合に選手の意識が向いてしまうケースもあります。さらに、エースを連投させるわけにもいかないので、こういうゲームではあえてベストメンバーを組まない場合もあり、強豪との直接対決以上に、モチベーションや臨み方が難しいゲームも出てきます。そういうゲームにおいては、「エースはこういう理由で温存した。でも、今日勝たなければ次はないぞ。目の前の試合に集中しろ」と強く言ったり、前日に対戦相手のビデオを見せながら、「初回から全力でいかないと大変なことになるぞ」と言うこともあります。このように、いろいろな手を使って、ちょうどいい緊張状態を作ることを心がけています。

ちょうどいい緊張感を明確な数字で表すことはできません。緊張のし過ぎもいけませんし、逆に緩い状態でも落とし穴にはまります。野球に限らず、スポーツは適度な緊張状態の中でこそ一番いいパフォーマンスが発揮されるものなので、選手の緊張の度合いを正確に把握し、何を言うべきか、あるいは何も言わないほうがいいのかを判断していくのです。

そのための引き出しをどれだけ持っているかが、指導者としての分かれ目になると思います。自身が現役時代に言われたことを繰り返しているだけでは、それは経験者であって、指導者ではありません。良い指導者とは状況によって、今日はこれ、明日はこれと自身の引き出しからいろいろなカードを出せる人のことをいうのではないでしょうか。私自身、そういう意識を強く持っています。一方で、その引き出しがまだまだ足りないという思いもあるので、より増やせるように、もっと勉強をしていかねばとも感じています。

監督をしていると、たくさんの言いたいことが出てきます。そのすべてを言ってしまえば、こちらはすっきりしますが、受け手となる選手には何も残りません。社会でも同様で、上司が「お前の足りないところはこれだ」と5つぐらいの項目、内容で説教をしたとしても、それを聞かされる部下は「まだ終わらないのか」「ああ、やっと終わった」と思うだけで、結局何も残らない。だからこそ指導者は、ＴＰＯに応じて、言うべきことに気を遣わなければなりません。

それは試合だけでなく練習も同じです。練習前に何を言って、練習後に何を言うか。言いたいことはたくさんありますが、30分もミーティングをされたら、選手の耳には届かなくなるので、絞りに絞って「きょうは2個だけ言うぞ」と、できるだけ先に言うようにしています。絞り切れないまま話し始め、「今日はきっと全然伝わらなかったな」という失敗は何度もあります。

試合後は次にどう生かすかにつなげる

試合後に何を言うかは、本当に難しい問題です。勝敗や試合内容、次の試合がいつあるのかによって、大きく変わってきます。ただ一つ言えるのは、その試合の結果がどんなものであろうが、それは次の試合に生かすために使わなければいけません。勝った場合であれば、よくできたと評価対象になる点もあるでしょうし、反省点を伝えることもあります。

また負けた場合は、「よく頑張った」とだけ言って終わりにする場合もあれば、「これができないから負けたんだ。それを明日から練習しよう」と言うこともあります。そこは、最終的には指導者の感覚、感性に左右されるところが大きいと思います。私自身もいろいろな言い方をしていますが、絶対にやらなければいけないのは、終わった試合を次にどう生かすかということ。高校生は毎試合、貴重な経験をしているわけで、特に公式戦は勝とうが負けようが大きな財産となり、それは練習試合の比ではありません。これを今後に活かさない手はないのです。

2018年の春の選抜初戦で彦根東に逆転負けを喫したあとは、すぐには何も言えませんでした。朝からの試合で、さらに甲子園は分刻みでスケジュールが決まっているので、試合が終われば、すぐにバスに乗り込まなければいけない。取材が終わり、ストレッチをして、バスに乗り込んで出発という形だったので、チームで話す時間はありませんでした。宿舎に戻ると昼になっていたので、ひとまず食事です。全員がまったくの無言で、誰も一言もしゃべらない。カチカチと食器の音だけが響いている状況でした。

このような状態で私が何かを話しても伝わらないと思ったので、ミーティングは夕食後にして、午後は自由時間にしたことを覚えています。改めて思ったのは、甲子園で負けるということの強烈さ。勝てば喜びが大きいのは当然ですが、敗戦も敗戦でかなりキツいものがあると思い知らされる経験でした。夕食の段階では、選手は皆、表情を取り戻し、悔しいながらも少しなごやかになってきていたので、夕食後、ベンチ入りしていた18人の選手一人ひとりに話してもらいました。先に私から何かを伝えてもよかったのですが、こちらが話し過ぎてしまうと方向づけてしまうところがあると思い、まずは選手それぞれの思いを聞くという判断をしました。

全員が話し終わって私が感じたのは、選手全員が自信を持って試合に臨めていなかったということでした。投手も、打者も全員です。その自信のなさが、一人ひとりの話からにじみ出ていました。

端的に言えば、自分たちの技量が甲子園という大舞台で通用するのかどうか、不安を持ったまま臨んでしまったということです。上がってしまい、頭が真っ白になったということでは決してありません。私の目から見ても、舞い上がっている様子はなかったので、それは間違いなかったと思います。ただ、それぞれのプレーを決断する際に、自分自身を信じきれなかったという感想がすごく多かった。高校生があの大舞台で真剣勝負に挑むというのは、それほど大変なことなのだと、私自身、痛感しました。

それを受けて私が話したのは、「またここに戻ってきて勝つしかないよね」ということ。甲子園という素晴らしい場所に来て、その格別の舞台で負けることには格別の悔しさがあることを選手全員が感じた。だからこそ、その悔しさを晴らすためにどうすべきか考えようという話をしました。

夏の県大会の決勝や甲子園の舞台で自信を持ってプレーできるように、日々の練習をやり切り、自信がないプレーは完成度を高めていかなければいけない。逆にやるべきことがはっきりしていく感じはありました。一人ひとりの具体的な課題はそのあと洗い出していきましたが、チームとしての目標はその時点で明確になったと思います。そして、その気持ちや取り組みが実り、この年は甲子園の春夏連続出場を果たすに至りました。

このケースでは、チームの雰囲気を感じ取り、私ではなく選手から先に話してもらったことが重要だったと思います。

大会や試合に向けてのテーマを共有する

そして、その夏は、試合ごとに四字熟語でテーマを決めて、選手に伝えるようにしていきました。

そのきっかけとなったのが、6月上旬に県大会の初戦がノーシードながら神奈川でも強豪の一角である日大高校に決まったことです。さらに同時期、大会に向けてのメンバーも決まりました。それによってメンバー入りを逃した3年生はサポートに回り、同じくメンバーに入れなかった1、2年生は裏方での仕事や、スタンドで応援するなど、大会に向けてそれぞれの役割分担がはっきりしました。

6月中旬、私はミーティングの場で、「それぞれの役割をまっとうしてほしい。そして最終的には甲子園に戻って、みんなで勝利を味わおう」という〝意思〟を伝えたのです。その意思をチーム全員がそれぞれの立場から行動として表明する意味で、県大会初戦の日大高校戦のテーマとなる四字熟語を「意思統一」に決め、ホワイトボードに書きました。

感覚的なことではありますが、そのときのミーティングで話したことは、選手たちにスムーズに入っていったような気がしました。私としても、自然と浮かんだというのがよかったのだと思います。そしてこのとき、通常のミーティングとして話すほかに、試合ごとに、四字熟語という短い言葉に思いを込めて伝えていくことを決めました。

次の生田戦は「一気呵成《いっきかせい》」、4回戦の秦野《はだの》総合戦は「泰然自若」、準々決勝の桐蔭《とういん》学園戦は「百戦錬磨」、準決勝の東海大相模戦は「不撓不屈《ふとうふくつ》」、決勝の桐光学園戦は「初志貫徹」、甲子園1回戦の中越戦は「捲土重来《けんどちょうらい》」、2回戦の高知商業戦は「迅速果断」。それぞれのゲームの意味、選手たちのゲームに臨むべき姿勢や心がけなどを加味しながら、決めていきました。


また春から夏にかけてのチーム作り、日々の練習にも違いが表れていました。春の選抜でもつことができなかった本当の意味での自信を身に付けるために、ただ練習するのではなく、「いい練習」をするしかない。そのことを伝えましたし、選手たちもよく実践してくれたと思います。

では、いい練習とは何かと言えば、その日の練習を自分が納得するまでやりきるということです。試合において自信が持てるかどうかは、自分自身が毎日やれることをやりきったかどうかで決まるので、毎日いい練習をするしかありません。それを毎日積み重ねれば、やれることはやってきたと思えて、打席やマウンドに立てる。また、そういう選手に対してなら、メンバー外の選手も「頑張れ」と言って送り出せると思います。

実際、夏の県大会の勝負どころである準々決勝から決勝における選手たちの戦いぶりは、本当に堂々としていました。自信なさげにオドオドした様子はまったくなく、一人ひとりがいい表情で野球をやれていたと思います。最終的には勝ち切って、春夏連続での甲子園出場という目標を達成しましたが、これだけ堂々と戦えていれば、勝敗にかかわらず、選手たちは納得して大会を終えられたのではないかと思います。夏までに自信を手にして、それをプレーで大いに発揮し、結果も出してくれた。選抜で敗れた日の夜のミーティングから、ストーリーがうまくつながっていったという印象が残っています。

大会期間のモチベーションをどう保つか

夏の甲子園では初戦（対中越）を突破したものの、2回戦の高知商業に敗れて、神奈川に帰ることになったのですが、この敗戦は春の選抜とは真逆の心持ちでゲームに臨んでしまったことが原因となりました。初戦に勝ったことで、〝甲子園に戻って勝つ〟という目標を達成し、気が抜けたとまでは言いませんが、「次もなんとかなるだろう」という気持ちが、選手にも、そして私自身にも湧いてきてしまったことは事実です。

さらに初戦が大会初日に行われ、2回戦まで1週間空いたことも大きく響きました。特に試合までの5日間は、それまでに蓄積された疲れや、35℃以上の気温もあって、それほど強度の高い練習ができなかった。最初の2日間は守備と打撃の練習だけを軽く行い、残りの3日で強度を上げていこうと思っていたのですが、そのギアチェンジがうまくいきませんでした。そこに、初戦に勝ったからなんとかなるだろうという気持ちが私自身に芽生え、選手にもそれが伝わった部分はかなりあったと思います。次の対戦相手である高知商業のビデオを見せて、「次の相手は強い、大変だぞ」と相手を大きく見せて、そこにぶつかっていくための戦う気持ちを作ってあげるべきだったと、いまさらながら感じています。

春の選抜では一つ勝つのは大変だと感じ、夏には勝ち進むことの大変さを知りました。1勝できたからといって過剰に喜ぶことなく、次の試合に向けてすぐに気持ちを切り替えていかないといけない。また大会期間も長く、ずっとオンの状態ではもちませんから、一旦オフにして、もう一度オンに切り替えるということも、練習内容を含めて反省点として残りました。

夏の甲子園の各校に割り当てられる練習枠は、暑い中で2時間枠です。すると、どうしても打撃中心になってしまいます。特に初戦は打てなかったので、打撃に多くの時間を割いたのですが、二回戦ではエラーや走塁ミスが重なった結果、敗れました。その1週間で詰め切れなかったことが悪いほうに出てしまいました。本当に反省点だらけです。しかし経験して初めて分かることでもあり、また甲子園に戻れたときには、その反省を必ず生かして戦っていきます。

さらに、チームは生き物だということも改めて、思い知らされました。同じ選手がいるにもかかわらず、前日の練習と今日の練習でまるで違う場合がある。一人ひとりの人間という意味でも生き物ですが、その総体としてのチームはきちんと出来上がっているものではなく、特に高校生は日々チームの形が変わっていきます。そこを見極めることも、指導者に求められる資質の一つなのだと実感しました。

主体性のある練習を組み立てるには

すべての部員が意味のある練習を行えるように

日々の練習の組み立てで苦心しているのは、約100名いる部員が誰一人遊ばないように効率よく、かつ安全に回すことです。レギュラーやベンチ入りメンバーだけ練習させておいて、残りの選手には球拾いだけをさせるというような状況を作ってはいけません。そのため、選手をいくつかのグループに分けて、練習を行っています。例えばAグループがウエイトトレーニングを1時間半行っている間、Bグループはグラウンドでの練習を行う。そのグラウンドでのトレーニングにおいても、内野、外野、ホームベース後方のスペースでのティーバッティング、ブルペンでのピッチング練習、そして隙間時間や場所を使った基礎練習のドリルなど、すべてのスペースが無駄なく使えるように工夫しています。

また試合が近くなると、グラウンド全体を攻撃側と守備側それぞれ9人の合計18人で占有した練習を行わざるを得ない状況も出てきます。その際、残りのメンバーはグループ分けを行って、ウエイトトレーニングとティーバッティングを交互に行わせたり、あるいは勉強させるためにあえて見学させることもあります。

こうした組み立ては、私の日課です。その日の練習が終わったあと監督室に戻り、あれ

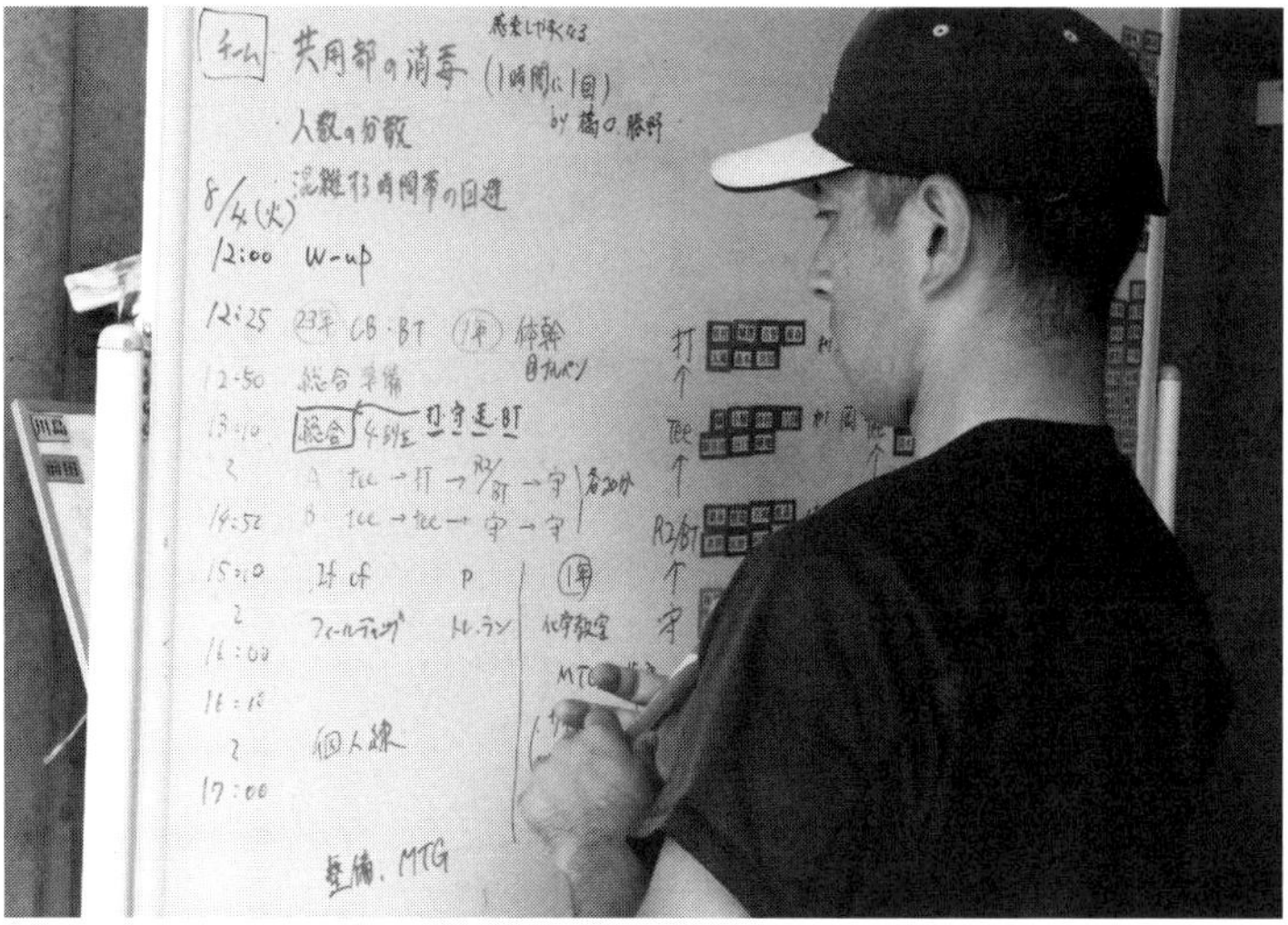

グループ分けしたメニューはホワイトボードで共有

これと思案を巡らせながら、翌日の練習メニューを組み立てていきます。「この時間に守備の練習をしたらどうだろう」「投手がこの練習を先にするのなら、外野には別のメニューを割り当てないといけないな」などと考えていき、気が付くと2時間近く経っている日も少なくありません。

しかしこの2時間が私にとってはとても大切で、選手個々の状態やチーム全体の状況などを深く思考できる時間です。その分当然帰宅は遅くなり、また小学校の教員との二足の草鞋を履いていることもあって、周囲からは「大変ですね」と心配されるときもありますが、自分では一度もつらいと思ったことがありません。選手やチームのことを深く考えられるのは、監督冥利に尽きますし、もしそれが嫌になれば辞めるしかないと思います。それほど私にとっては貴重な時間なのです。

投内連携：選手に意図を聞く

ここからは、具体的な練習メニューを材料に、私が日々の練習のなかで選手に何を伝えようとしているのか、あるいは選手にどう成長してもらいたいか、そして慶應義塾高校野球部が掲げる「エンジョイ・ベースボール」の核となるものは何か、ということについて言及していきたいと思います。

まずは投内連携の練習をもとに話を進めていきましょう。投内連携はミスの出やすいプレーで、まだまだ未熟な高校生である選手たちは当然、少なからずミスを起こします。もし本番の試合で同様のことが起これば、ピンチを広げたり、即座に失点につながるようなシーンです。しかし、ミスそのものは大きな問題ではありません。大切なのは、選手が自分の頭で考えて判断し、プレーしているかどうか。ミスが起こったとき、私はその選手に「いまはなぜ2塁に投げたの？」などと聞きますが、返ってきた答えにその選手なりの根拠や考えがあるかどうかを重視します。

つまりは、表面的にそのプレーがうまくいったかどうか、アウトになったのか、セーフになったのかという結果だけを見るのではなく、どういう意図や狙いがあってそのプレーを選択したのかということが重要なのです。仮にアウトにできたとしても、もっと良い選択肢があったのかもしれません。そのことに選手本人が気付いているかどうかが大事で、目の前で起きたプレーに対して、「ナイスプレー」「それじゃダメだ」と言うだけなら誰でもできますし、それはチーム全体を司る監督の仕事ではありません。

判断が悪かったのか、単純に投げる力や精度がなかったのか、あるいは周りのサポートが足りなかったのか。そのエラーの原因を追究し、当事者である選手もそれを理解できれば、ミスが無駄ではなくなり、また同様の場面に出くわしたときにチーム全体がうまく処理できるための材料になるのです。

ただ単純に「しっかりやれ」と叱咤し、選手も何も考えず「はい」と返事をするだけでは、また同じミスを繰り返すでしょう。ミスが出るのは仕方がないので、それを次にどう生かすかということを練習中のみならず、試合中でもいつも選手に伝えています。それが、社会に出てから必要な思考力になってくるからです。

また、ダブルプレーが可能な場面で瞬間的にボールを弾いてしまった場合、「ああ、ダメだ」と落ち込むのではなく、他にアウトが取れそうなところを探したり、偽投して走者を誘い出そうとしたりなど、瞬間的な次善の策に頭を切り替えることも大切です。反省や改善点を探すのはプレーが途切れたあとでよいのです。スタートが悪かったのか、グラブの出し方が悪かったのかなどと振り返って、「次に同じ打球が来たらこうしよう」というように頭を働かせることができれば、それが成長であり、自分を変えられたということです。すると、そのミスは決して無駄にはなりません。

繰り返しになりますが、それは間違いなく、野球以外の選手の将来にも役立ちます。会社、家庭、人間関係、いずれにおいても人間である以上、ミスから逃れられません。そのミスを次にどう生かすかが大事なのは野球と同じで、将来においても役に立つというヒントを選手に与え続けたいと考えています。

ミスをして、そのことを私に問われる選手は一人ですが、私とその選手のやり取り、会話を周囲の選手に聞かせることも意識しています。

すると、ある選手は「俺もそう考えてたな。でも別の方法があるのか」と気付くかもしれませんし、また別の選手は「いや、あれは判断が違う。俺だったらこう考える。ああ、やっぱりそうだった」と答え合わせができるかもしれません。自分の意図とチーム全体でやるべきこと、そして私がやってほしいと思うことが一致するかどうか。その意図のすり合わせが、こうした連携の練習における肝です。

落ちついた口調で伝えるための拡声器

また私は拡声器を用いるようにしています。地声で、一対一の会話をあえて全員に聞かせようとすると、どうしても怒鳴るような言い方になってしまい、それでは言葉が選手の中に素直に入っていきません。できるだけ落ち着いた口調で話せて、なおかつ全員に届かせるためには、拡声器はかなり重要なアイテムです。つい強い口調になってしまうときもありますが、できるだけ冷静に伝えることを心がけています。指導者の仕事は「言う」ことではなく「伝える」ことなのです。

この観点から言えば、トンネルやお手玉などの基本プレーのミスは一切、咎めません。こうしたミスは、見ている誰もが分かっています。あとで本人が練習するしかありませんし、あげつらって責め立てても選手のモチベーションを下げるだけです。プレーすることに喜びがなければ、野球を楽しむことはできないので、指導者としてこの点も肝に銘じています。

挟殺の練習：自分で状況判断をする大切さ

続いては、挟殺の練習で実際に起こったことを例に、話を進めていきます。

ある日の挟殺の練習中、一人の選手が、パートナーとなっている選手の「放れ」の声に反応して、ボールをホーム上で待つキャッチャーに投げたことがありました。一見、何の問題もない、正しいプレーのように思えますが、私はその選手に対して厳しく指摘を行いました。理由は前述の投内連携の要点と同じく、自分の頭で判断しないまま、パートナーである選手の声に従っただけだったからです。あと一歩走って手を伸ばせば、自分でタッチアウトにできたのに、そうしなかったのです。とにかく自分の目で見て判断することがすごく大事なのです。

もちろん自分の位置からは見えない状況だったり、見ようとしたら大きな時間のロスになってしまうケースもありますが、基本的に自分から見やすいところ、目の前で起きていることに関しては自分の頭で判断するのが守備でも走塁でも大前提なので、強く指摘しました。少なくとも自分の目で見て判断し、パートナーがなんと言おうと目の前でタッチできる状況であればタッチしなければいけません。指示待ちの態勢だったり、誰かの操り人形では本当の意味で野球をプレーしていることにはならないのです。

もちろん、一連の流れの中でプレーしていて「放れ」と言われたら、咄嗟に投げてしまうこともあるでしょう。そこを考慮すれば、声かけをしないほうがよいのかもしれませんし、それでも距離感がつかみづらいときなどは声をかけてもらったほうがいい場合もあります。つまり、判断という観点で言えば、非常に難しいプレーでもあるのです。

簡単には結論が出ないため、私は、内野のメンバーで話し合いをさせたり、どちらがよいかを実際にプレーした上で比べてみるなどを試みるように、選手には伝えました。私が「こうプレーしなさい」と答えを一つに決めつけてしまうことは簡単ですが、それでは選手は受け身になってしまうため、いくつかの材料やヒントを与えて、選手自身に判断させていくのです。当然、時間はかかりますが、そのほうが確実に身になります。

そうして出てきた選手側からの提案、意見に対しては、私が判断していきます。そのままでゴーサインを出すときもあれば、「こういう視点がちょっと足りないんじゃない？」と言って戻したり、あるいは私が選手の中に入ってもう一回軌道修正していくこともあり得ます。

選手が決めていくことは究極の理想です。しかしすべてを受け入れていると、指導者の責任放棄にもなりかねません。高校生は高校生なりに一生懸命考えますし、そこは生かしてあげたいという気持ちもありますが、こちらには高校生よりも蓄積された長年の経験があり、だからこそ言えることもあります。そこをうまくミックスさせていくのが、指導者のさじ加減というか、腕の見せどころではないでしょうか。

このような話し合いを重ねる中で、選手側から私に対して意見が出てくることはよくあります。私としては、選手がそうした意見を言えるような関係や空気を作っておかなければいけないと、常日頃から考えているので、非常に嬉しい反応でもあります。

そのためには選手との距離を広げ過ぎたり、あまりに高い位置に立たないように注意しています。また意見を頭ごなしに否定すると、選手は監督に話しても意味がないと感じ、その後何の意見も言ってこなくなるものです。たとえ最終的には却下したり、一部だけを取り入れることになったとしても、選手との風通しを良くするために、言ってきたことに対しては、基本的には受け止めるように心がけています。

高校生である選手からすれば、自分で考え、意見を出し、話し合えるというのが一番の成長です。私自身もそれを求めていますし、社会に出ても、それができる人間にならないといけません。意見を言える、質問もできる、「それは違うんじゃないかな」という批判的思考もできる。これが慶應義塾高校野球部の理想です。

それもあって、選手にはよく「監督が言うことを絶対だと思うなよ」と言います。世の中には十人十色の考え方があり、打ち方や投げ方にしても、唯一絶対の答えはありません。宗教ではないので、完全に信じなければいけないものはないのです。

基礎トレーニング：常に目的を意識しながら

一方、基礎的なトレーニングに関しても、それが何につながるのかということを必ず意識させなければいけません。例えばウエイトトレーニングの場合がそうです。バットの同じような位置でボールを捕らえたとしても、パワーがあるかないかで、内野フライで終わるのか、内野の頭を越えてポテンヒットになるのか、外野フライになるのか、フェンスオーバーになるのかは変わってきます。また、ある程度鍛えたり、全身の筋肉を連動して使えるようになれば、ケガや故障のリスクも低下します。こうした目的、最終目標を意識するのとしないのとでは、結果は大きく変わってくるのです。また時折、「そもそも、これって何のためにやっているの？」と聞いてみて確認することもあります。

それが何につながっているのかを考えることも、世の中に出てから必要なことです。例えば新人社員の頃に、面倒な資料作成を任されたとします。本当はもっと派手な仕事、見栄えのいい仕事をしたくても、それを支える地道な仕事も当然必要で、そのことを理解できればより頑張れるはずです。つらく地味な練習をやることで、最終的にはチームの役に立つ。選手にはそういうことを意識させながら、練習に取り組ませたいと思っています。

こうした練習はやはり、冬場や夏の大会が終わった直後などのオフシーズンに、意図的に増やしています。トレーニング理論としても確立されているように、一年中ずっと同じ練習をするのは技術的に効果が薄く心理的にもつらくなるので、メリハリをつけたり、練習量にも波をつけてあげます。例えば夏の大会が終わった翌日に、試合を想定した練習を行うことは体力的にも精神的にもあまり意味があるとは思えません。

トップアスリートでも、オリンピックから帰ってくれば長い休養期間を設けたり、種目によっては1年くらい休んだりする選手もいますが、それはやはり必要なことなのです。高校野球で1年も休むことはあり得ませんが、数日は休んだり、あるいはボールを使わない練習に切り替えたりもします。また環境を変えて、砂浜へ行って走ったり、山へ行って野原で走るなど環境を変えることも有効でしょう。

例年、夏の大会が終わり、3年生が引退したあとの8月初旬には、1、2年生だけで1週間ほど北海道へ合宿に行きます。環境を変えてリフレッシュして、新しいチームでスタートしようという精神的な意味と、気候が涼しいために練習しやすく食事も喉を通りやすいという体力的なメリットがあって実施しています。このように、年間のスケジュールでも、メリハリをつけてあげることは大事なのではないでしょうか。

やはり最後は質の問題

取材などでも、「何か独自の練習をしていますか」とよく聞かれます。

結論から言えば、慶應義塾高校野球部には他校にないような特別な練習メニューはありません。それよりも、どのチームでも行っているような練習の質を高めることのほうが大事です。

一つひとつのプレーに高い意識を持ち、それが終わったあとに丁寧に振り返って、次にどう生かしていくのか。ミスが出たときには、そのミスをどう扱うのか。いかに次に生きるように働きかけられるかが、他校との違いを生むと信じています。

そのために、全体練習のメニューの中に、できる限り個人練習の時間を作るようにしています。例えば、コーチにスイングを見てもらったり、ボールを転がす形のノックを受ける。あるいは、やわらかいボールやバドミントンのシャトルでバッティングを行うなど、個人で特に伸ばしたいところや、自分で弱点だと思うところを補うための時間です。私としてはこうした時間を、一日の中で短くてもよいので、必ず確保してあげたいという思いがあります。全体練習と個人練習、そのいずれにおいても意識を高く持って取り組むことができれば、特別な練習メニューは必要ないと言えるのではないでしょうか。

高校野球監督の在り方と役割分担

会社勤めを辞めた後の筑波の大学院時代には、コーチングの研究を行う傍ら、つくば秀英高校の野球部でコーチを務めました。大学生のとき以来、2度目のコーチという立場でしたが、また新たな刺激を得られる場でした。

当時の監督はヤクルト、ロッテなどで活躍した元プロ野球選手の阿井英二郎さんでした。阿井さんは現役引退後に教員免許を取り、高校野球の監督をされ、その後には日本ハムでヘッドコーチを務め、現在は札幌国際大学の教授を務めるという、プロとアマチュアを行き来した稀有な経歴の方です。

阿井監督のもとで学んだことが、指導スタッフの役割分担の大切さでした。監督以下、部長、副部長がいて、私を含めたコーチが2人在籍するという陣容の中で、叱り役やフォロー役、選手を熱く引っ張る役などさまざまな役割があり、それぞれが持ち場で力を発揮していたという感じです。

私はその中で、叱られた選手のフォロー役に回ることが多くありました。練習後に、「あのとき監督がああいう言い方をしたのは、君にそのプレーをする上での大事な視点が欠けていたからだよ。だから、そういう視点を持てるように頑張っていこう」など、監督が言わんとしていることを噛み砕いて、きつく言われた選手に伝えるような作業を繰り返していました。あるいはモチベーションが落ちかけている選手には、再び前向きになってもらえるような言葉がけをするなど、フォロー役をしながら、チームスタッフにはさまざまな役割が必要であることを強く実感しました。

選手は一人ひとり違って当たり前なので、それぞれの選手を大切にして、いかに理解してあげられるかが大事だということも学べたと思います。人間ですからすべてを理解することは不可能だとしても、できる限りよく観察した上で、こちらも判断してあげなければいけません。選手一人ひとりを見たい、理解したい、感じたいという気持ちは、学生コーチの頃と比較して、より強まったことは間違いありません。

またコーチ2年目の夏の茨城県大会では、のちに巨人へと入団した投手・鴨志田貴司《かもしだたかし》を擁する水戸短大附属を破って、チーム史上初となるベスト8進出を果たしました。当時はそれほど強いチームではなく、スタッフの中では正直なところ「ここにはかなわないだろう」という気持ちがありましたが、選手はそんな大人の想像を簡単に飛び越えるような出来事を経験させてくれました。やはり高校生が持っている伸びしろは本当に大きく、それを大人が「こんなもんだろう」と枠にはめたり、先にあきらめてしまっては本当にもったいないし、してはいけないことだと痛感しました。高校生のもつ可能性は大きく、限りがない。そのことを胸に刻んで、いまでは指導にあたっています。

現在の監督業につながっている部分で言えば、練習をコーディネイトしたり、試合中に指示を出したりといった、目に見えて分かりやすい仕事は監督業のほんの一部、氷山の一角に過ぎないということが阿井監督を見ているとよく分かりました。

現在覚えている限りでも、阿井監督は保護者や家庭環境に問題を抱えている選手への対応、ＯＢ会、後援会、学校、高野連との折衝、さらには地元の方との関係作りまで含めて、多くの対外的な案件に対応されていました。高校時代や学生コーチでの経験を通して、監督は大変な仕事であることは十分に理解していたつもりでしたが、認識を改めさせられたように思います。知らなかったこと、分かっていなかったことが本当にたくさんあり、その経験はいまでも大きく生かされています。

そして、こうした時間をもらえたことは本当に幸運だったと思います。私自身は現在、当時の阿井監督と同じように監督業にあたっていますが、もっともっと学ぶ姿勢を持たなければならないと感じています。野球に関わるあらゆる分野において研究がどんどん進んでいるので、これまでインプットしたものだけでは勝負になりません。つまりは、最新情報に常に触れられるようにアンテナを張っておくことがとても重要なのです。

例えば、いまアメリカを中心にフライボール理論が広く浸透していますが、こうした新たなトレンドに対して、何も考えないまま、ただ取り入れたり、否定したりしてはいけません。それが本当に高校野球に適するのか、あるいは自分のチームに合うのか否かを理解、判断していく必要があるのです。フライボール理論に限らず、強豪校や多くの高校で取り入れているから真似をするという姿勢では、選手やチームに核となるものが生まれてきません。あくまで自分の頭で判断して理解するということが大切なので、その前提として学ぶ姿勢をいつも持っておかなければいけないのです。選手ももちろんですが、指導者こそが追求する姿勢、自分を磨くための努力を続けなければいけません。

このように書くとまるで義務のように捉えられるかもしれませんが、そもそもアンテナを張ることやそれに伴う勉強、追求は楽しいはずです。監督、指導者にとって野球は正面から取り組んでいるものですから、こういった取り組みは楽しくなければおかしいと思います。

指導者も選手のピッチングやバッティングと同じように、自分が少しでも成長できているると実感できれば楽しいはずです。選手にばかり成長を求めるのではなく、「自分も指導者としてまだまだ未熟だから、成長を目指して頑張ろう」という意識で、選手と共に成長していく。私も指導者としての成長を目指しているので、選手には「一緒に頑張ろう」ということを口に出して伝えています。

当たり前のことですが、自分自身を完璧に見せたり、偉大に見せたりする必要はまったくありません。あえてそういう姿を見せて、「だから俺の言うことを聞け」「そうすると甲子園に行けるぞ」「プロになれるぞ」というスタンスで選手に接する指導者もいます。もちろん本当にすごい監督なのかもしれませんし、いま現在保有している知識や経験だけでそれなりの結果を出している指導者もいるのかもしれません。

しかし前述の通り、私はまったく逆のスタンスです。自分が日々少しでも成長できることは喜びや楽しみであり、だからこそ高校野球の監督を続けています。多くの指導者の方にこうした楽しさを感じてもらいたいと思いますし、指導者が成長していかなければ、チームも成長していかないのではないかという思いは強く持っています。

終章

高校野球の再定義

成長と勝利の両立

私が初めて野球に触れたのは、小学校低学年のときです。とは言え、どこかのチームに所属していたわけではなく、校庭で手打ち野球に興じたり、友人たち数人と近所の公園でキャッチボールをしていた程度で、あくまで遊びの中で野球を楽しんでいました。

そして、初めてチームに所属したのは、中学で慶應義塾普通部に進学してからのことになります。このとき幸運だったのは、実戦的なプレーの練習をたくさんさせてもらえて、野球をとても勉強できたことにあります。ランナーを置いた状態でのノックの練習などで、「走者はこう進むから、次はボールをこっちに投げないといけない」「カットマンはこのポジションに入らないといけない」といった実戦的なことが覚えられ、とても意欲的に野球に取り組むことができました。

おかげで野球を嫌いにならないで済み、「高校に行っても野球をやろう」と前向きに思えたことにはすごく感謝しています。もしこのとき、素振り千本、ノック何百本というような、いわゆる〝昭和の根性野球〟を強制されていたら、また違った道を選んでいたかもしれません。

いま私が指導にあたっている高校生もそうですが、学生のうちはあくまで通過点でよいのだと思います。高校野球の場合は甲子園があるために、それを最終目標として、そこに、向かって燃え尽きるという風潮がありますが、体や心の成長で言えば、18歳がピークであるはずがありません。大学や社会人など、その先でもっとうまくなっていくのだから、高校生の段階はあくまでも通過点だと、指導者側が思っていなければいけないはずです。

私が監督2年目のときのエースで、慶應義塾大学に進学した森田晃介《こうすけ》という投手がいますが、2019年秋の東京六大学野球の立教大学戦で1安打完封という素晴らしいピッチングを見せました。高校時代は体もそれほど大きくなく、球速も140キロが出るか出ないかといったレベルでしたが、その立教戦では最速149キロを記録するなど、目覚ましく成長していました。高校レベルではそれなりに投げられていても、大学では通用するのかなと思っていましたが、体格も良くなり、球も速くなって、実際に活躍をしています。こうした選手の姿を見ると、小学校、中学校、高校は成長していく途中の段階に過ぎないと感じますし、だからこそ、より野球を好きにさせてあげて、次のレベルに送り出してあげるべきだと強く感じます。各段階で身に付けるべきことは当然ありますが、目の前の試合に勝ちさえすればいいという価値観からは絶対に脱却しなければいけません。

日本の野球は甲子園を神聖化する傾向があり、甲子園に出場できるかどうかが評価の基準となっていて、甲子園で優勝すればすごいチーム、すごい監督だと言われがちですが、本当にフォーカスすべきところは、もっと先にあるということです。

付け加えれば、全員がプロ野球選手になるわけではないので、勝ち負けやプレーだけでなく、野球を通してどれだけ人間として育ててあげられるかということを考えなければいけません。選手の体の状態を無視して酷使したり、勉強をおろそかにさせるといった〝使い捨て〟の思考では絶対にいけないということです。大学やプロ、あるいは社会に出てから活躍できるようになるためには、その土台となる勉強は絶対に必要だと言えます。

ただし、だからといって、試合に勝たなくてもよいということでは決してありません。選手個々の将来を見据えた成長、目の前のゲームでの勝利、いずれも実現させるという困難なミッションから、指導者は絶対に逃げてはいけないのです。それを続けていかなければ、高校野球の意味、意義、価値はありません。

旧態依然のスポーツからの脱却

序章でも記しましたが、高校野球というものを通じて、やはり野球やスポーツの価値を高めたいという思いが強くあります。「野球をやっていると、こんなにいいことがある」「保護者の視点から見ても、自分の子どもがこんなにも成長する」という側面を、世の中に見せていかなければ、野球が選ばれなくなり、ひいてはスポーツ全体も発展していかないのではないかと思います。

また近年の傾向として、野球に限らずスポーツ全体が〝するもの〟から〝見るもの〟へとシフトチェンジしていることも、私は危惧しています。実際、プロ野球の観客動員はかなり増えていますが、一方で野球をやる子どもの数は減っています。さらに、オリンピックやラグビーのワールドカップなどに顕著ですが、多くの方がスポーツをエンターテインメントの一つとして捉えて、自分がやるものではないと考えている風潮があるように思います。さらには学校の現場も同様の傾向が出てきており、部活の時間を削って、授業の時間を増やすという考え方に傾いてきています。進学校はより顕著で、かつては浪人覚悟で部活を一生懸命やって、引退してから勉強を始め、そこでよく伸びる選手は東大や京大に受かるといった事例も少なくありませんでした。しかし、いまはこうした風潮の学校が徐々に減ってきており、勉強をする生徒は勉強だけ、部活をする生徒は部活だけといったように、二極化の傾向が表れてきているのです。

もちろんこうした傾向を一概に否定することはできませんが、自分でプレーして初めて、分かることは絶対にあります。野球がうまくなるだけではなく、人としての成長も実現できる。それが野球をやることの価値であると、私は信じています。それを多くの人に理解してもらいたいですし、その価値をもっと高めなければ、野球離れ、スポーツ離れはより速度を増して進んでいくような気がしてなりません。そして、いまがその分かれ目であるとも感じています。

野球をやることの価値

最後に、野球をやることの価値を改めて記しておきたいと思います。

◆考える力を付ける。
◆実際に体を動かしながら行動力を身に付ける。
◆チームや人など自分以外のために貢献することを考える。
◆スポーツマンシップを身に付ける。

これらが野球をやることの本当の価値です。指導者は、野球をすればこうした力を身に付けられる、こうした人間に成長できるということを世の中にアピールできなければ、ますます野球離れが進むだけです。

現在、野球人口を増やすために、野球教室などの活動をしているところも少なくありませんが、親世代はかなり冷めた目で見ている人が多いと思います。「プロ野球選手になれればいいけれど、勉強をしなくなったら困る」「野球はケガや故障のリスクが高い」「旧来の指導者を見ているとチームに入れる気がなくなる」といったように、世間の野球に対する目は想像以上にシビアです。つまりは、こうした厳しい視線を和らげられるような価値を提供していかなければ、野球は〝するスポーツ〟として選択肢に入ってきません。

野球に限らず、スポーツは本当に素晴らしいものです。2019年、日本で行われたラグビーのワールドカップを例に挙げれば、試合ではあれだけ激しくボディコンタクトを繰り返し、ときには殴り合いに発展しかけるほど感情を高ぶらせるにもかかわらず、試合が終われればノーサイドの精神でお互いを称え合い、握手やハグをして、花道を作って送り出します。

これこそがスポーツの素晴らしさであり、「ああ、スポーツって本当にいいものだな」と思える瞬間です。野球も同じく、「野球っていいな」「野球をやると、こんなに素晴らしい人間に育っていくのだな」と多くの人に思わせることができなければ、ただただ先細りしていくだけでしょう。

だからこそ、勝利や成功といった分かりやすい指標だけで判断してはいけません。プロ野球選手になることだけが成功ではなく、たとえプロ入りできなかったとしても、「野球をやることでたくさんのことを得られた」「人としてこんなふうに成長できた」と言えれば、野球をやったことの意味や価値が十分にあります。そうした価値を高めるために、世に示すために、慶應義塾高校野球部は存在、活動していると言っても過言ではありません。

そのためには、これまで通りの概念や考え方では、足りない部分が多くあります。チームとして、指導者として、新しい野球の姿、これまでとは異なるスタイルや考え方、チーム作りの方法、価値観を率先して提供しなければなりません。〝ザ・高校野球〟の常識とは異なるものを世の中に問い、その責任をこれからもまっとうしていきたいと思います。

おわりに

２０２０年は東京オリンピック・パラリンピックを中心にスポーツが大いに盛り上がる年になるはずでした。しかし、コロナ禍によって状況は一変しました。全世界的な感染拡大、それに伴う生活様式の変化、さらに各方面への影響は甚大で今もなお続いています。

慶應義塾高校野球部が受けた影響も大きなものでした。2月末の全国一斉休校要請に基づき、春休みの練習や合宿は全て中止、春の県大会も中止となり、4月には緊急事態宣言が発出されました。自宅周辺での自主トレが長期間にわたる中で、5月20日に選手権大会中止が発表され、「ＫＥＩＯ日本一」という大きな夢への挑戦権が消滅しました。その後も県独自の大会が実施されるか不透明な中で自主トレが続きました。この半年間、部員たちも私も心が折れそうになる荒波を何度もかぶってきました。その度にオンラインでミーティングをし、仲間との絆を感じながら自分の心に火を灯し続けてきました。まさにチーム全員で乗り越えてきました。

荒波にじっと耐えるだけではなく、自分たちの想いを主体的な行動に移せないかという議論の中で、黒岩祐治神奈川県知事に手渡そうと部員全員で直筆の手紙を書いたこともありました。

ようやく6月末に練習再開の許可が出ました。時間や人数の制限がありながらも、「いつものグラウンドでいつもの仲間と一緒に野球をする」景色が戻ってきました。

7月から8月にかけては、各都道府県高野連の御尽力による独自大会が全国各地で開催されました。高校3年生にとって最後の真剣勝負の舞台を用意してもらい、指導者としては大変に有難いことでした。


コロナ禍で失ったものはたくさんあります。

しかし、それ以上にたくさんの大切なものに気付くことができました。


日々の練習、毎週末の練習試合、そして季節が来れば行われる大会、どれもが当たり前になっていました。でも、そうではなかったのです。仲間と一緒にグラウンドで練習できる、相手校と練習試合をして切磋琢磨できる、大会の緊張感の中で勝利の喜びや敗北の悔しさを味わうことができるというのは、実に有り難いことだったのだと気づくことができました。幸せは失って初めて分かるのかもしれません。今回、私たちは高校野球における幸せを失う期間があったことで、それがどれだけ大切なのか強く感じることができました。

今までに経験したことがない試練にぶち当たった時に、そこで立ち止まっていては何も変わりません。何も生み出せません。絶望を希望へ、危機を好機へ変えていくために何ができるのか、そのために何を考えればよいのか。今のコロナ禍の状況を簡単に変えることは誰にもできませんが、自分の考え方はすぐにでも変えられます。自宅でどんな体幹トレーニングができるだろうか。素振りだけでどうやって変化球対応の打撃を改善できるだろうか。短い距離の壁当ての中で守備を上達させることはできるだろうか。考えたうえで創意工夫、試行錯誤するのは楽しいことです。慣れるまでは少し難しく感じるかもしれませんが、誰かに言われたことを何も考えずにやるよりも、ずっと価値があることです。考えることをやめなければ、どんな状況でも学びの場、成長の場にすることができます。だから、選手たちには今のうちに「考える習慣」をつけてほしいのです。このコロナ禍だけの話ではありません。これから先の人生で次なる試練は必ずやってくるのです。その時に向けた、考えるトレーニングの場なのです。

社会全体が、コロナ以前に戻ろうとするのではなく新しい価値観や方法を生み出そうとしています。選手だけではありません。指導者も同じです。自らの野球観を問い直す、チームづくりの仕方を改める、選手との関わり方、練習方法、保護者との関係などあらゆる面を改善していく好機と考えることはできないでしょうか。

コロナ禍において、人々のスポーツに対する考え方も浮き彫りになったように思います。「スポーツは正常化した社会で成り立つので再開は慎重に考えるべきだ」という考え方がある一方で、「スポーツは生き甲斐や勇気を与えることができるので率先して再開すべきだ」という考え方もあります。どちらか一方を正解とするような簡単な議論ではないでしょう。同様に部活動や高校野球に対してもさまざまな議論がなされました。私自身、現場を預かる指導者の一人として、生き甲斐を突如取り上げられた高校生の姿を見ていると、少しでも早く再開させてあげたい、みんなで野球をさせてあげたい、最後の大会を用意してあげたいと強く願ってきました。しかし、それが正解だとは言い切れません。

今まさにスポーツの価値、高校野球の価値が問われているのです。大事なのは急いで結論を出すことではなく、誰かが出した結論に迎合することでもなく、「スポーツの価値とは、高校野球の価値とは何だろうか」、「高校野球をすることで人間的にどのように成長できるのだろうか」とみんなで議論していくことではないでしょうか。この議論を避けて通れば、スポーツや高校野球は社会の中での存在価値を小さくしていくことになってしまうでしょう。野球人口がこのまま減っていってしまうのか、それとも価値が見直されて盛り返していくのかの岐路に立っているのです。だからこそ危機感を持ちながら、これから皆さんと議論を深めていくことを楽しみにしています。

本書出版にあたり、私を野球の奥深い世界へ誘《いざな》ってくださった三人の師に改めて御礼申し上げます。御一人目は慶應義塾普通部野球部の元監督である内藤陽海先生です。初めて野球チームに入った私にとって、実戦中心の練習が次のステージへの意欲を大いに掻き立ててくれました。御二人目は慶應義塾高校の前監督である上田誠先生です。野球部員、大学生コーチ、助監督、今は監督になってもずっと薫陶を受けてきました。野球の指導者になることも、母校で監督を務めていることも上田先生の存在なくしては考えられません。もう御一方は、コーチを務めたつくば秀英高校の元監督であり北海道日本ハムファイターズでヘッドコーチも務めた阿井英二郎先生です。大学院でコーチング理論を修めながら、コーチという実践の機会にも恵まれるという充実した三年間でした。ほかにも、ここに書ききれないほど多くの皆様に支えられ、導かれて今の私がいます。

長く高校野球と共に歩んできた私に何ができるかといえば、それは明白です。新たな高校野球の姿を示しながら、その価値を高め、人を育て、社会を豊かにしていくことです。本書がその一助になれば幸いです。

2020年7月　慶應義塾高校野球部監督　森林貴彦

著者略歴

森林貴彦（もりばやし　たかひこ）

慶應義塾高校野球部監督。慶應義塾幼稚舎教諭。

1973年生まれ。慶應義塾大学卒。大学では慶應義塾高校の大学生コーチを務める。卒業後、NTT勤務を経て、指導者を志し筑波大学大学院にてコーチングを学ぶ。慶應義塾幼稚舎教員をしながら、慶應義塾高校コーチ、助監督を経て、2015年８月から同校監督に就任。2018年春、９年ぶりにセンバツ出場、同年夏10年ぶりに甲子園（夏）出場。2023年春、センバツ出場、同年夏に107年ぶりとなる甲子園（夏）での優勝を果たす。

Thinking Baseball

——慶應義塾高校が目指す“野球を通じて引き出す価値”

2020（令和２）年10月16日　初版第１刷発行
2023（令和５）年９月13日　初版第８刷発行

著　　者：森林貴彦

発 行 者：錦織圭之介

発 行 所：株式会社　東洋館出版社

〒101-0054　東京都千代田区神田錦町２丁目９番１号
コンフォール安田ビル２階
代　表　電話 03-6778-4343 ／ FAX 03-5281-8091
営業部　電話 03-6778-7278 ／ FAX 03-5281-8092
振替　00180-7-96823
U R L　https://www.toyokanbooks.com

装　　丁：水戸部功

本文組版：明昌堂

印刷・製本：岩岡印刷株式会社

ISBN 978-4-491-04102-5
Printed in Japan